조미나 시집

강물로 흐르는 사랑

오름시인선 · 4

강물로 흐르는 사랑

펴낸날 _ 2010년 6월 20일
지은이 _ 조미나
펴낸곳 _ 기획출판 오름
등록번호 _ 동구 제 364-1999-000006호
등록일자 _ 1999년 2월 25일
주소 _ 대전광역시 동구 삼성1동 122-2
전화 _ 042.637.1486
팩스 _ 042.637.1288
E-mail _ orumplus@hanmail.net

ISBN _ 89-90151-43-0

값 8,000원

강물로 흐르는 사랑

오름시인선 · 4

Orum Edition

시인의 말

푸른 나무 푸른 사랑

시집을 낸지 어언 9년이 되었다. 문득 네 번째 시집을 출간해야겠다는 생각이 들었다. 그 동안 훌쩍 고국을 떠나온 후로 몽롱한 잠결인 듯 내 시심은 볼모지대처럼 서성이던 떠돌이 마음밭이었다. 토론토에서의 시혼은 자꾸만 거칠대로 거칠어져가는 듯 하여 조바심이 났다. 그러나 늘 가슴은 강물로 흐르는 사랑으로 넘쳐나고 있었다는 것을 깨닫게 되었다. 새삼 시간의 무게를 느껴보기도 했다. 특히 9라는 수는 완성의 수라고 하니 금년에 시집 출간 생각을 하게 되었다. 고국을 멀리 떠나온 후로도 늘 대전을 묵묵히 지키고 계시는 〈시문학〉 선배님이자 영문학과의 선배님이시기도 한 김용재 선생님을 떠올렸다. 선생님께서는 언제나 모자란 나를 이해해주시고 늘 원고 청탁을 해주시는 것을 알기에 먼데서도 급작스레 의논을 드리게 되었다. 예상했던대로 선뜻 시집 출간에 도움을 주시겠다고 하니 이국에서 이 얼마나 고맙고 복된 일인가.

이국으로 떠나와서도 늘 맴도는 것은 고국의 두고 온 추억들, 특히 서울 및 대전에서의 문우들과의 만남과 계룡산 자락에서 평화로이 학문에 정진했던 행복했던 순간들이었다. 순수한 그 시절 이후 나의 변화된 이국에서의 삶을 다시금 한 권의 시집으로 엮어보는 것도 보람된 일일 것이다. 또한 어느덧 컴퓨터의 시대에 들어서다보니 필자의 졸시들도 노트에 적어 보관하기보다는 워드로 쳐서 컴퓨터 유에스비에 저장을 하게 되는 시대가 왔다. 편리함은 언급할 필요가 없다지만 정작 그러다 보니 시가 더 이상 글자화 되어 서고에 놓여있는 것이 아니라서 막상 보고 싶을 때 마음대로 펼쳐 보는 묘미와는 거리가 멀어졌다. 시집을 낸 직후부터 그때는 디스켓이 일반화되었던 시절이라 많은 시 원고들을 디스켓에 저장해 놓았는데 이제는 유에스비로 저장을 하는 시대라서 컴퓨터의 변천도 무시못할 일이다. 이렇게 더는 활자화가 되지 않고 작은 유에스비 하나에 온갖 자료들을 저장하다보니 막상 컴퓨터의 도움 없이는 마음대로 저장해둔 시 원고들을 살펴볼 수가 없다는 불편함도 감수해야 한다. 또한 컴퓨터가 바이러스에 감염된다거나 정전이라도 된다면 어찌 이들 저장물을 마음대로 열어볼 수가 있겠는

가. 이것이 현대과학의 맹점이라고 할 수 있겠다. 그래서 세상이 아무리 발전하고 전자책이 나온다 해도 시집 출간은 시의 분실을 막아줄 훌륭한 전통적인 고안책 이라고 하겠다. 따라서 시대가 변천한다 해도 오랜 전통적 지식 전달 방법인 책은 인류의 가장 큰 정신적 지킴이로서의 자리를 내놓지는 않을 것이다.

고국을 떠나온 후로 토론토에서도 바쁜 생활을 했다. 그런 속에서도 물론 필자 나름대로 시 쓰기를 게을리하지 않으려고 노력을 했다. 그러나 이국에서 시를 창작하고 시심을 가꾸고자하는 것은 마치 물 떠난 물고기 같아서 이국의 정취와 언어의 생소함으로 하여 늘 입만 뻐끔거리다가 버둥거리고 뒤뚱대는 나약한 시혼을 어쩔 수가 없었다. 그러나 홀로 새 세계에로의 도전과 새 학문에 대한 열정을 불사르고자 늘 심야에도 마른 영혼의 심지를 지피곤 하였다. 그리고 새로운 미지의 지식을 위해 늘 안테나를 세우고 있었다. 그러나 시심은 그렇게 해서 생길 일은 아니기에 긴 세월동안 시신이 마음껏 감성의 물동이를 부어주기엔 역부족이었나 보다. 막상 이민사를 말해주는 시들을 모으고 보니 그 동안 잃어버린 시편들도 그렇고 다른 시편들도 그러했겠지만 침묵 속에 쌓아두었던 남은 시편들이 그다지 필자의 마음을 흡족하게 해주는 알찬 결실은 아니라는 생각이 들었다. 그럼에도 최근작에 이르기 까지 아쉬운대로 모든 글편들을 긁어모았다. 이들 시편들은 연대순보다는 그때마다 마음이 가는대로 썼던 유사한 주제들을 함께 묶어서 분류하여 본 것이다. 처음 정리시에는 제 6 부로 나누어 보았으나 시집 분량으로는 너무 많아서 제4부로 재정리를 하게 되었다. 그동안 이민생활에서 느낀 잔잔하고 색다른 향기를 심은 것들이다. 꾸준히 영문학을 전공하면서도 느낀 사상적 관조의 시편들은 별도로 모아서 조만간에 출간해볼까 생각한다.

제4부까지의 대부분 시들은 그동안 이국의 자연 정취에서 느낀 정서와 사랑을 노래하였다. 특히 대도시 근교에서 뒷뜰과 앞뜰 잔디가 있는 오롯한 전원주택에서의 새로운 삶은 그 동안 콘크리트 아파트에서 살아온 필자에게 작은 땅이나마 자연이 주는 기쁨을 만끽할 수 있도록 좋은 안식처가 되어 주었기 때문이다. 그래서 나는 그 기쁨을 자연스레 노래하게 되었다. 그 일례로 이사를 오자마자 심은 뜰 앞의 아기사과나무가 해마다 무럭무럭 자라나면서 꽃을 피우고 결실을 맺었다. 그 가을날까지 날마다 눈만 뜨면 나는 나무와의 대화에 열중했다. 한여름의 텃밭에서 자라나는 깻잎이나 체리 토마토를 비롯한 채소들과 장미로부터

해바라기에 이르기까지 잔잔한 꽃들과의 눈맞춤이 주는 행복감 또한 대단한 것이었다. 그것이 물론 유난한 자연사랑 때문만은 아닐 것이다. 작은 텃밭이나마 내 소유를 찾고 작은 농심을 갖게된 기쁨과 신의 기쁨을 함께 나눌 수 있었던 것은 내 인생에서 가장 뜻 깊은 일일지도 모른다. 작은 집의 텃밭에서 땅의 정직함과 자연의 풍성함 속에서 신의 사랑을 인지하게 되고 자아의 정체성을 새로이 느끼게 된 것은 값진 경험이었다. 또한 긴 겨울 동안 거리마다 작은 산언덕을 이루는 눈더미와 봄이면 어김없이 찾아주는 쑥과 냉이 대신에 노란 민들레 벌판과의 대화 역시 색다른 계절의 즐거움이 되고 동시에 그리움도 다가와 그것이 어느새 나의 시심을 자극하곤 하였다.

그 동안 나는 영문학을 넘어서 새로운 경험에 도전하여 남성중심의 시대에서 가리워지고 위축된 여성신성에 대한 연구를 위해 좀 더 많은 시간을 이곳 도서관에서 자료를 찾는데 할애할 수 있었다. 그에 따른 명상과 세계 곳곳의 지성인들과의 인터넷 대화로 흥미진진한 날들이 계속되기도 했다. 대학 도서관의 다양한 책들 속에 빠져들었고 특히 잃어버린 여성신인 소피아(Sophia)에 대한 서적들을 많이 접하면서 지속적으로 예이츠의 신비시에서 영감을 얻고 그의 숨은 소피아의 사제로서의 헌신에 감동하여 하늘을 날아가는 듯한 기쁨을 만끽하곤 하였다. 따라서 한결같이 잃어버린 "생명나무"를 찾아가는 길목에서 드높은 성산위를 오르는 숨가쁜 여정이기도 하였다. 이 와중에 쓴 많은 시편들 속에서 예이츠의 숨결이 묻어나오고 신비를 소재로 한 글귀들이 묻어나올 것이다.

한편 휴머니즘과 인간 심리와 교육에도 관심이 많았던 필자는 순수한 다문화권 아이들의 때묻지 않은 영혼들을 보다 가까이 접하고 싶었다. 지혜를 양성하는 교육을 위해 대학에서 아동학을 전공해보기도 하면서 인간의 심리학을 보다 직접적으로 연구하고자 노력하였다. 이 모든 경험들이 내게는 살이 되고 피가 되어 영혼을 살찌운 듯 하다. 그러나 정작 졸시들을 이렇게 모아보니 얼마나 제 3시집보다 알찬 소산이 되고 자랑스런 영적인 자식을 낳게 되었는가는 가늠하기가 어렵다. 그 동안 필자는 고국을 떠나 다민족이 모여사는 국제도시 토론토에서 언어도 풍습도 다른 인종들과 어우러지고자 무던히도 애를 쓰면서 몸소 사해동포애를 체험하고자 노력을 하였다. 그 와중에 우리 민족에 대한 동포애도 절로 생겨나서 이곳 동포들과 호흡을 맞추고 이국에서 태어난 한국의 젊은이들에게도 한국의 전통적인 얼과 그 맥을 심어주고 싶었다. 한편, 정서함양에 조금이라도 기여하길 바라는 마음에서 캐나다 중앙일보에 자주 시를 발표하곤 하였다. 따라서 여기 수록된 많은 졸시들이 이미 캐나다 신문에 게재된 것들이기도 하다. 이민을 오고 난 후 몇 년간의 시는 어디에 두었는지 그 행방을 찾기 어려웠지만 그 와중에도 틈틈이 써온 시편들을 이렇게 모으고 보니 새삼 대부분의 시편들이 스스로 자족하면서 자연과 더불어 살며 우주적인 흐름에 발맞추어 새시대를 도모하기 위한 영성의 시편들임을 깨닫게 되었다. 틈틈이 쓴 졸시들이 모여서 족히 시집 한 권의 분량을 넘어 두 권의 분량이고 보니 그나마 이국에서도 헛되게 시간을 낭비한 것은 아니라는 나름대로의 작은 위안과 변명을 내놓기도 하였다.

비록 어디에서건 시의 홍수시대이고 시인들이 넘쳐나는 시대이지만 정작 얼마나 많은 독자들이 그 쏟아지는 시들에 감동을 느낄지는 회의적이다. 이는 시인들의 잘못만은 아니다. 디지털 시대가 되고 영상매체가 발달하여 〈아바타〉같은 영화가 등장하는 바야흐로 3D 영상의 시대에 활자에 찍힌 밋밋한 시편들이 얼마나 환대를 받을 수 있을 것인가. 그러나 이 현대과학의 부조리 속에 메말라가는 영혼들 중에 단 한 명이라도 나의 졸시에 대해 감명을 받는다면 나는 모든 고난을 무릅쓰고라도 작은 시심의 등불을 끝내 놓지 않으리라. 그런 내 마음이 시편들 속에서 유난히 자연의 순수함을 노래하고, 등대나 빛과 사랑과 같은 밝은 언어들 속에 녹아내리고 있는 듯 하다.

하루가 달리 급변해가는 이 고도의 문명의 시대에서 우리들의 영혼은 늘 그에 합당하게 진보를 이루어 가고 있는 것인가? 아니, 오히려 날로 인간성이 각박해지고 삭막한 사회에 살면서 스스로 괴물이 되어 가고 자멸의 길로 치닫고 있는 것은 아닌가? 시심을 가꾸는 마음으로 사는 것은 내일 지구의 종말이 온다 해도 한 그루의 사과나무를 심는 순수한 열정일 것이다. 우리의 메말라가는 영혼에 단비를 적셔주고 다시금 자연 속에서 잠시 스쳐가는 꽃향기 속에서 잊어버린 신의 사랑을 맡을 수 있도록 잃어버린 꿈을 심어주는데 이 영혼을 깨우고자 한 내 졸시들이 조금이라도 세상에 빛을 발하는 일에 기여할 수 있기를 바라는 마음이다. 아니, 단 한 사람의 영혼에게라도 나의 졸시가 촉촉한 단비로 다가갈 수 있기를 바라는 마음으로 나는 세상의 외로운 등대지기가 돼서 기꺼이 등불을 들리라.

이처럼 이국에서의 지난날의 삶은 때론 고국에 두고 온 모든 것들을 그리워하면서도 또 한편으로는 다민족들 사이에서 인류애를 느끼기도 하고 한민족으로서의 자긍심을 느끼기도 한 긴 여정의 결과물이다. 더러는 외로워하고 더러는 즐거워하면서 자신의 거미줄을 엮어낸 시혼을 존중하는 마음으로 이 작은 노래의 소찬들을 두 손 모아 신께 올리고 인류에게 내놓고자 한다. 그처럼 앞으로도 지구촌의 소시민으로서 나의 사랑의 불길은 늘 달구어질 것이고 타오를 것이며 넉넉하게 나무그늘을 드리운 푸른 나무가 되기도 하고, 늘 강물로 흘러넘치는 푸른 사랑이 되고자 한다.

2010년 6월
조미나

■ 차례

1부
다시 사랑을 위하여

2부

나무도 그럴 것이다

3부

붉은 장미에게 

4부

성냥의 꿈으로

1부

다시 사랑을 위하여

강물로 흐르는 사랑

그대 사랑은 강물로 흐르고
내 사랑 또한 강물이 되어
서로 가야할 곳을 안다.
가지 못할 곳을 향해 가는 강물은
그렇지, 뇌출혈이다 절망이다.
갈 곳을 가지 못하는 강물은
그렇지, 지옥이다 마비이다.
고혈압으로 질식한 시커먼 죽음이다.

오늘도 그대는 작은 미소를 건네고
나는 갓 짜낸 그레이프 후르츠 쥬스로
그대의 아침을 건넨다.
그대와 나는 작은 우주
막히지 말아야 할 곳이 막히고
흘러야 할 강물이 흐르지 않으면
어디인들 썩지 않을 곳이 있으랴.

그대의 강물,
실핏줄 하나하나에 얽힌
저마다의 길마다 순순히 흐르도록

우리 사이에 양보와 이해의 골을 터놓고
나는 그대를 살피고
그대는 나를 염려하고
그렇게 말없이
우리는 한 물줄기 되어
나란히 순명을 좇고 있다.

날마다 진한 정으로 달인
차를 마시며
우리의 잔잔한 대화는
날로 깊어가는 강물,
도도히 흐르는 강줄기로
우리는 그렇게 후회 없이
바다의 금빛 물결에 닿기 까지
나란히 먼 길을 가고 있다.

꽃

바람결에 춤추는
저 꽃을 보라
연인이 숨어 있기에 꽃은
불멸의 미의 화신이어라
잃어진 에덴의 징표이어라

연인의 품속에서
모든 천국은 시작되었고
살아있는 모든 생명은
자신 안에 그리운 반쪽을 그리는
마음이 도사리고 있는
또 다른 절반이어라.

내 안의 님이여,
때론 쓸쓸히 내게로 와서
우리는 하나임을 속삭이지만
나는 왜 이다지도 쉽사리
그대의 말을 잊어버리는가

물과 불의 만남으로

우주는 족히 연인이 되었어라.
내 안의 물과 불을 일으키면
어느새 나도 불멸의 연인이 되어
그대와 나는
멀고도 가까운
영원한 평행선의 철로,
그 위에 열차를 달리게 하듯
우리는 함께 하여
바람결 따라가는
사랑의 철로이어라
행복 싣고 달리는 기차이어라.

끝없는 사랑

나 이렇게 사랑하고 싶은데
마음 통하는 벗들
모두 한자리에 모아
블로그다 홈페이지다
모두 척척 만드는 운영자 되고
페이스북이다 마이페이스다
온갖 세계의 벗들 시공을 초월하여 만나는
컴맹이 아닌 컴퓨터의 달인이 되어
언어의 달인이 되어
나 마음껏 사랑의 전도사가 되고 싶은데
그것은 인터넷 혼불의 사랑.

어느 산골짝이 어느 섬에 살아도
세상 모든 벗들과 통하는
서로의 근황을 사진으로 시로
일기처럼 쓴 푸념까지도 나누고 싶은
사해동포애,
나의 기상도는 아직은 괜찮다고
나의 움막은 갈수록 평안해지고 있다고
한번도 만나지 못한

그러나 늘 사랑으로 찰랑대는
가슴이 벅차는 벗들에게
늘 안부를 전하고 싶은데
그것은 새시대 빛물결 사랑.

물거품처럼 빛과 사랑을 몰고 오는
깨어있는 지구촌을 가꾸기 위하여
눈빛만으로도 서로를 알 수 있는
이름 모를 신비의 벗들을 만나
살머시 늘 어루만지고
유럽도 북미도 호주도 아시아도
어디에서나 그물맥처럼 이어지고 싶은데
허기진, 방황하는 벗들을 토닥이고 싶은데
가난한 이민자 시인의 마지막 보물섬처럼
나 어느 무인도에서 로빈슨 크루소가 되어
이토록 고독이 깊어가도
나 이렇게 사랑하고 싶은데
그것은 숨은 신의 끝없는 사랑.

벗

사람만이 벗이 되는 것은 아니라네.
산이 벗이 되고
시냇물이 벗이 되고
새들이 벗이 되고
꽃이 벗이 되고
온갖 곤충들이 벗이 된다네.

나 이국으로 멀리 떠나 와
이국의 시인들을 벗삼아
나 부르고 부르는 노래,
동서양을 하나로
지구촌을 하나로
새시대의 시민을 위하여
너와 나 하나로
벗이 되려고

저 하늘이 하나이듯이
오대양 육대주가 하나로
벗이란 이름으로 하나 되기를
가슴에 등불을 켜고

한 빛이 된
혼불을 켜고

사람만이 벗이 되는 것은 아니라네.
언어가 벗이 되고
믿음이 벗이 되고
음식이 벗이 되고
모든 꿈들이 하나가 되어
우주의 별빛 따라
함께 흐르는 모두가 큰 빛의 벗이 된다네.

백자 항아리

당신을 향한 내 영혼은
절대 복종 뿐이었지요.
애초에 나의 길이란 없는
이름없는 팔딱이는 미세 먼지로 뭉쳐진
흙덩이 소우주,
당신의 손길이 닿기 전에는
원시의 아메바의 율동도 모르는 듯
미지의 수렁 속 깊은 잠이었던 나는
마침내 천지개벽을 하듯
당신의 눈부신 흰 빛의 손길에
화들짝 눈을 뜨게 되었지요.

그날엔 당신을 향한 절대 복종만이
나의 길임을 몰랐었지요.
당신이 물로 세례를 부어주실 때에도
물레에 넣어 휘돌릴 때에도
우매한 나는 자꾸만
내 뜻을 좇아가고자 당신의 손길을
마구 뿌리치고 발버둥치며
한없이 달아나려 했었지요.

당신이 나를 불러 안고 미소지으며
고운 무늬로 음각을 수놓을 때엔
제 잘난 맛에 자신의 자태를
이리저리 뽐내며 감사를 몰랐었지요.

마침내 불로 세례를 주시던 그날에
그것이 백자기로 거듭나기 위한
절대 절명의 하늘로 이어진 관문인
초벌구이의 과정인줄을 몰랐던 나는
원망과 한숨과 거센 반항으로
하냥 온 몸을 시뻘겋게 달구었지요.
내 아린 상처에
유약을 손수 발라주시고
얼러주실 때에도
나는 당신의 손길을 피하며
제멋대로 내 길을 가겠노라고
크게 외치며 항거했었지요.

그러나 당신은 어리석은 나를
끝내 버려두지 않으시더니

더 큰 불의 세례의 시련인
재벌구이의 관문을 열어주셨지요.
그것이 비상하는 날개를 달기 위한
마지막 필수 관문인 줄 몰랐던 나는
그 담금질의 날에 숱한 한숨과 원망으로
또는 고통으로 가슴 찢기며 기도도 잊어버린 채
마냥 헤매이는 길 잃은 어린 양이 되었지요.

당신을 향한 절대 복종만이
내 유일한 선택임을 이젠 알았지요.
당신의 술에 취하여
고통도 번뇌도 모두 털어버린 나는
내 길이 아닌 당신의 길로 인도되어
내 빛이 아닌 당신의 빛을 한아름 안고
어느새 빛나는 흰 날개옷으로 갈아 입었지요.
이름없는 한 줌의 흙이었던 내 혼불이
당신과 당신의 춤추는 불꽃 숨결을 만나
혼인 잔칫날 포도주 향내로 가득 넘치며
이리도 청명한 백자 항아리로 눈뜨게 되었지요.

밀어

작은 꽃송이 하나에
우주가 벙글고
대우주 안에
작은 장미가 살 듯
우리네 일상의 신비 속에
신의 밀어는 숨어 있다.

낯선 그가 내게 친절함은
그가 우주의 신으로부터
받은 언약을 따름이리니
그가 모른다 해도
내가 모른다 해도
그 사랑 안에
우리는 하나이다.

아낌없이 주고
돌아서는 그 마음으로
에너지 불변의 법칙을 따라가며
가다가다 끝날이 오면
그대와 나는 어쩌리

나비

넉넉한
세월에 떠받치어
길고 어둔 터널을 건너던
고치의 나날이 있었기에
밝은 빛을 향한 그 간힘의
몸부림이 있었기에
오늘 이토록 넉넉해진 우리 사랑
어느새 양 날개로 자라나
한 마리 비상하는 나비 되었네.

비단 천 고운 날개에는
서로 같은 색
같은 무늬가 물들여진
우리는 닮은 꼴 데칼코마니.

왼편은 나의 혼불로
오른편은 그대의 혼불로
엮어진 두 날개가
파란 창공으로 날아오르면
우리는

한 마리의 나비가 되어
온갖 꽃들의 꿀물을 찾아다니는
사랑의 연금술사.

길고 긴 세월이 가도
우리의 양 날개는
하나의 몸짓으로 우러러
천국의 문을 향해 비상하는
꿈 많은 나그네.

이메일을 받은 밤에

빛으로 산다는 것은
참으로 고독한 침묵입니다
어둠은 늘 가까이 달라붙어
치렁치렁 흘러내리고
가식의 벗들은 나태란 이름으로 달려와
손 내밀며 자꾸 함께 가자며
쉼없이 몰려오는 좀비들의 아우성입니다.

아주 어둠 속에 지쳐 헤매일 때
때로는 누군가의 어깨라도 빌리고 싶을 때
희망의 불을 지피는 작은 기도소리가 있다면
빛으로 타는 내 작은 지친 영혼의 심지는
새롭게 일어날 수 있을 것입니다.
인터넷 바다 저 멀리 말없이 지켜 본
그대의 문득 다정한 한마디의 말에
잦아들던 빛이 원기를 회복하고
다시금 한껏 달려가게 합니다
거대한 높이의 폭포수 외침으로
천둥 번개의 기개로 빛을 타오르게 합니다.

님의 힘겨운 싸움에서도 원기를 북돋아주는 것은
열두 제자들의 기도소리임을 보여주었습니다
님이 골고다의 언덕에 오를 때
누군가가 십자가를 잠시 들어준 것은
고독한 님의 멀고 먼 험난한 길을
지름길과 평탄한 길로 펼쳐지게 하는
보이지 않는 마법의 힘을 암시해줍니다.

그 님이 침묵의 언어로 일러줌이 그러한데
나의 길은 늘 홀로 멀기만 하여
시름에 겨운 깊은 밤 한 자락에
웅크린 숱한 날들이 있었습니다
그런 어느날 밤 낯선이의 이름으로
인터넷 바다를 저 멀리 유럽에서 건너온
그대의 따스한 격려와 칭송의 몇 마디가
내겐 천만대군의 함성입니다
다시 올곧게 빛의 심지를 세워주는
내 머리 정수리에 붓는 기름줄기입니다
빛으로 빛을 수혈해주는 또다른 의식입니다.

다시 사랑을 위하여

나무의 자양분은 낙엽에서 구하듯이
독사의 독을 해독하기 위해
뱀독이 필요하듯이
인간에게서 받은 상처를
인간에게서 다시 구하고자 한 나는
아이들의 세계로 돌아간 이중섭의 마음처럼
아이들 세계로 회귀한다.

아이들의 천진함 뒤에도
아집과 질투가 있지만
아직은 독이 아니다
과육의 단맛과 신맛처럼
그들의 투정도 성냄도
그들의 사랑과 천진함만큼
풋풋하여 늘 나를 미소짓게 한다.

도심 공해 속에 지치고 헐벗은 내 영혼의
상채기에 생기를 주기 위하여
다시 사랑을 위하여
나는 아이들 속으로 들어간다

다민족의 아이들 속에서
그들의 미소 하나, 떨어지는 잎새를 가리키는
손가락 하나도 무심코 지나칠 수 없다.

아이들의 그 미소 속에는
오지 않는 *고도를 기다리는
고달픈 영혼들의 원기를 북돋아주는
오색 찬란한 빛이 있기 때문이다
아이들의 언어 속에서
구세주의 희망의 메시지가 울리기 때문이다.

동심과 더불어 웃는 내 설렌 가슴 속으로
어느새 고도의 발자국 소리도
요란하게 다가오고 있었다
그 아이들의 영롱한 눈망울 사이로
고도는 두 손 벌려 나를 반기고 있었다.

*고도 : 사무엘 베케트의 "고도(Godot)를 기다리며"에서 나온 말.
온다고 하면서 오지 않는 구세주의 상징임.

씨앗의 꿈

순례자의 혼불이여,
진정한 삶을 위한 나침반이여,
멀리 떠나는 너이지만
그래도 매년 봄이면 어김없이
나를 찾아와 문 밖을 서성이네.
날마다 지구촌 어딘가에서
꽃들이 벙글고
열매가 영글어가는 것은
너의 온몸 가득히
대지 여신의 사랑의 메시지가
깃들어 있기 때문이라고 속삭이네.

너는 오시리스 남신의
흩어진 뼈조각을 추스르는
여신의 사랑의 긴 여정을
찬미하는 거리의 악사.
너는 우주의 태모신의 끊임없는
사랑의 손길을 탄주하고
숨은 불멸의 장미를 찬미하며
그 성배를 찾아 헤매는
눈먼 호머의 후예.

네 안에는 은둔자의 등불이 피어있네.
네 안에는 데미테르 여신의
젊은 사랑의 열꽃들이 새겨져 있네.
그 끝없는 불멸의 장미의 여정을 기리고
끝없는 어둠 속을 더듬어 성배를 찾아가는
아더 왕의 원탁의 기사들
열정을 온몸으로 새기며
매년 굽이굽이 펼쳐내는
눈먼 호머의 골든 음반이여,
못다한 사랑은 네 작은 몸 속에
홀로 넘치고 바다를 담고
성좌들의 혼불을 담고 있네.

우물

한 우물을 하냥 그리워 했네
고도를 기다리 듯
사막 한 자리를 서성이며
오아시스를 구했네.

고도를 기다리는 이들처럼
사막의 뜨거운 열기를 모아
세인들의 비웃음과 무관심을 영양분 삼아
사막 한 가운데에서 우물을 파기 시작했네.

우직한 내 땀방울 사이로
모래층이 미소 짓고
때론 자갈층이 손짓을 했으며
문득 거대한 바위가 가로막았지만
나는 포기를 모르는 바보인양
그 한 자리를 떠날 줄을 몰랐네.

어느 날 오아시스 환영처럼
목마름 저편 아득히
고도가 힘차게 달려오는 꿈을 먹으며

한 우물을 팠었네.
그리고 마침내 지하수의
투명한 손짓을 보았네.
수 천 년을 고대해 온
샘물의 출렁이는 그림자가
나의 종아리를 서서히
쓰다듬기 시작했네.

대천의 해돋이

이렇게, 작은 갯바위로 서 있습니다.
수십년을 갉고 닦아온
모진 바람과 파도에 씻기며
이제는 저 떠오르는 해를
조금은 닮을 듯이
둥글게 변한 내부를 감지하며
물결이 잔잔한 때면
해수면을 명경대삼아
고즈넉이 빛바랜 자화상을 굽어봅니다.

세월 따라 함께 흐르면서
하냥 저 바다를 품어 안기 위해
마냥 저 해를 닮아 보기 위해
내 마음은 수천번 용트림하는
소용돌이 속에 휩싸였습니다
온갖 시련의 물벼락과
번개치는 칼바람을 몰고 와
님은 나를 단련하였나 봅니다
그 높은 뜻 알지 못하여
엉덩이에 뿔난 망아지 되어

마냥 날뛰며, 시련과 슬픔의 잔을
파도에 내던지고 돌팔매질 하던
뒤척이는 숱한 불면의 밤도 있었습니다.

그렇습니다
저 파도의 크기만큼이나
엄청난 무게로 압박하는 번뇌와
몰아치는 폭풍우를 수없이 견디어 내더니
이제는 작지만 바닷가
많은 식구들을 모으고
이리도 넉넉한 마음으로 구도하는
가부좌상이 되어갑니다.
이제는 어떤 폭풍우에도 흔들림이 없는
얼굴 찡그리지 않는 내공을 길러
속으로 벙그는 달이 되겠습니다
어둠 헤치고, 늘 언약처럼
다시 찾아드는 해와 더불어 벗하며
함께 이 땅에 작은 빛을 흩뿌리고 싶습니다.

물구나무 서기

인생은
물구나무 서기로 살아가는 것인가.
나 자신을 알기 위해
먼먼 길을 돌고 돌아
헤매이던 나날들
타인들에게 귀 기울이던 긴 세월들
어지러운 세파에
인내와 자애로움으로 살아가려고
숨 고르기를 하던 나는
다시금 메루산 정상의
요기처럼 허허로운 웃음이 된다.

나이 들수록 모든 세상의
시험대에서 벗어나고자
눈먼 자들로부터 멀어지고자
홀로 겨운 물구나무 서기를 한다.
날이 갈수록 작아지는
지구촌의 저자 거리에 서서
추해지는 세인들을 응시하면서,
과학이 발달할수록 무너지는

문명을 목도하면서,
두 눈을 감고
스핑크스여,
그리스도여,
아, 부처여,
부질없이 되내이는 숨은 빛의 성자여.

대지의 여신인 어머니 가이아,
그 순결한 어머니의 마음이
상심으로 시커멓게 타들어 간다.
나는 그 순결한 대지에게
입맞춤하기 위해
물구나무를 선다.
스스로 산이 될 수 없는
허허로운 바람의 마음 밭에
물구나무로 서서
작은 나무가 되려 한다.

유전流轉의 바다에서

인간은 누구나 한 평생 홀로 먼 길을 간다.
윤회의 수레바퀴 속에서
여성과 남성으로 성 바꿈을 하면서
돌고 도는 업의 굴레에서 탈출을 꿈꾼다.

가슴이 허허로운 날에는 나는 바다에 가서
밀물과 썰물의 한없는 외침에 귀 기울여 본다.
바다에는 우리네 삶의 지혜가 상징어로 떠돌고 있다.
플라톤의 이데아의 꿈에 흠씬 젖어서
나는 태양 아래 서 있는
어느 고독한 한 초인을 그려본다.
바다 한가운데에 배를 띄우고
등불을 든 그는 바다 속의
어둔 심연 속에 갇힌 온갖 무리들의
잠의 문을 두드리고 있다.

남성 우월주의의 자만심에 빠진 그대여,
그대가 후생에 여성으로 다시 태어나
첩첩 산중에 갇혀
그대 또한 한 남성의 성의 노리개가 되어
죄의 값을 치를 것을 깨달았다면
그 누군들 타인의 인생의 무거운 짐을

덜어주고 길을 터주지 않겠는가?

인간은 누구나 홀로 먼 길을 걸어서
저 높은 산 언덕의 불멸의 성을 향해 간다.
그 길을 더듬다 지친 날이면
나는 홀로 바다에 간다.

바다는 진정한 태양의 꿈과
대지의 숨을 가르치기 위해
온갖 무리들이 새 탄생을 위해
수련하는 학교,
그 거대한 자궁 속
밀물과 썰물의 출렁임 속에서
잡히고 잡는 윤회의 수레바퀴 안에서
아우성치는 무리들을 본다.
태양을 좇아 비상의 꿈을 품고
파도에 온 몸을 단련하면서
영원의 새 탄생의 배내짓을 하고 있는
비상하는 물고기들의 눈부신 춤에 젖는다.

사랑하는 사람들은

사랑하는 사람들은
눈길만으로도 서로의 목마름을 안다.
그대가 오늘 내게 준 한잔의 모닝 커피 내음이
오늘 하루 나의 장미향이 되고
파란 안정제가 되어 하늘로 비상하는
흰 비둘기의 날개짓으로 다가서는데
그대의 꿈을 나눠먹고
그대의 꿈속으로 함께 노 저어 가며
그렇게 작은 몸짓 하나로
서로가 서로에게 눈부심일 수 있나니
작은 쪽배로 흔들리며 가는 길이지만
칠흑의 안개 속에서도 외로움을 모른다.

사랑하는 사람들은
잊혀진 성을 찾아서 나란히 질주하는 무리들이다.
모두가 함께 한 방향을 바라보며
천상의 도로법에 따라 나아가는 것이다.
맞은편 길은 금지구역,
절대절명의 생명선을 넘보아서는 안되고
누구도 역방향으로 꺾어서도 안된다.

서로가 서로의 선을 지키며
그렇게 저마다의 선을 따라서
존중해야 할 서로의 영역을 지키며
미래 풍경을 조명하며 꿈길을 달린다.

사랑하는 사람들은
하나의 하프를 만들기 위해
서로가 서로에게 하프줄이 되어
못박히는 것이다.
누구도 나와 다르지 않지만
누구도 나와 같아서도 안되는
저마다의 음색으로 제 위치를 지키며
혼불을 불사르는 춧불의 탄주,
너무 멀어지지도 너무 다가가지도 않는
고운 숨결만큼의 떨림의 간격을 두고
그렇게 모인 듯 흩어진 듯
작은 흔들림으로 하나의 찬가를 만드는 것이다.

내 사랑은 캥거루처럼

- 영에게

자꾸만 그날의 너를 부른다
너는 강을 쳐오르는 연어처럼 자라나서
너의 세계로 헤엄쳐 나아갔구나
그 옛날 네 주머니였던
나는 이제는 텅빈 둥지로 남아있지만
너는 늘 내 알맹이 중의 알맹이,
그 얼이 되어 널 곰삭인다
어릴적 우윳빛 피부며 천사의 미소며
아장거리던 뒷모습이며
너의 그 눈부신 무지개로 빛나던 모든 것이
이리도 시리게, 사무치게 하는구나
이제는 놓아주고
너와 나 훨훨,
어디로든 떠나갈 수 있겠지만
어디서건 빈 둥지로 남은 내 주머니는
커다란 흔적으로
네 보드라운 추억만을 담고
곰살맞은 흰손과 볼에
입맞춤으로 다가선다.

별

하늘 저 멀리 붙박이 되어
한 번도 흔들리거나 떠나지 않는
올곧은 성정과 빛나는 눈동자
언제나 흐트러짐 없는
별이나 되었으면 좋겠네.

이 땅 가난한 영혼들의
희망이 되고 등대가 되어
헤매는 나그네의 가는 길마다
빛이 되고 나침반이 되어주는
별이나 되었으면 좋겠네.

깊어가는 겨울밤을 기려
더욱 총총히 빛나는
이름이야 무엇이든, 부도 명예도 모르고
꺼지지 않을 대천사의 화톳불
별이나 되었으면 좋겠네.

귀천 歸天

유한한 세상사
배냇짓 아기적부터
빛으로 나아가기 위해
밀리고 밀치는 싸움이라고
우주의 근원을 익히라고
그 숨결과 하나가 되라고
바다는 말하네
파도는 말하네.

한 세상
사람은 제 홀로
먼 길을 가는 나그네라지만
배우기 위해 연단키 위해
이땅에 온 당당한 투사라지만
은근과 끈기로 십자가를 지라고
산은 말하네
나무는 말하네.

복닦이는 세상살이
얼룩 많고

허물도 많지만
때로는 새의 날개짓으로
때로는 억수같은 소나기로
우리네 삶의 흔적의 명암을
갈고 닦으라고
하늘은 말하네
구름은 말하네.

천국과 지옥이
한 영혼 속에 자리잡기 위해
밀고 밀치는 이 세상
그 투쟁을 혼불로 사르며
천상으로 오라고
빛을 향해 오라고
허공은 말하네
바람은 말하네.

미투리 발걸음으로

- 벗의 죽음을 추모하며

그 뒤안길을 지나서
나는 휘적 휘적 걸어가는구나
자신의 몸 하나 다스리기
어려운 처지가 된 사람아,
그대의 혼신을 알건만
안녕이라는 마지막 인사말은
끝내 지워버리고
힘을 내겠다던 다짐만 메아리로 울리는
이제는 재가 된 사람아,
그 한 몸 가고나면 그만인 것을…

내 친한 벗이 되고
살뜰한 자매가 되고
함께하는 신비의 동지가 되려 했는데
태풍의 눈 속에
그대 멀리 날아가 버리고
나는 남아서
태평양 건너
이렇게 벗 없음을 한탄하노니
이제 우리가 쌓아올리려던

지혜의 금자탑,
학문의 금자탑은 어디로 갔나

어느날 홀연히 나타나
진리를 말하던 그 입술이
차디차게 식어갔으니
세월아 가거라,
그러면 내 사람들 다시 돌아오겠지
우후죽순 뻗어가는 가시밭길을
미투리 발걸음으로
그대 없이도 나는 천년을 살면서
그대가 있는 듯
해거름이면 그대의 미소를 기리며
언제나처럼 산언덕을 넘을 것이다.

무지개를 위한 노래

질서가 바로 서야
아름다움이 있다.
평화가 있다.
꿈이 있다.

오색무지개의 질서는
늘 어디에서나 둥글게 펼쳐진다.
우주는
일곱 촛대의 영광이 넘쳐나는 곳,
빨주노초파남보.
보남파초노주빨.
그들의 순서가
그 어우러짐의 춤사위가
바로 질서로 만발한다.

일곱이 하나가 되고
하나가 일곱이 되어질 때
우리는
세상사 일곱가지 굴레,
일곱가지 죄악에서 벗어나서

마음껏 자유의 나래를 펼칠 수 있다.
마침내 우주의 질서 속에서
일곱 촛대의 영광을 높이 들고
자유의 횃불을 비추며
폭풍우 어둠 속
긴 벌판을 헤쳐나갈 수 있다.

질서가 바로서야
우주가 보인다.
사람이 보인다.
사랑이 보인다.

녹차를 마시며
- 한 사람

한 사람이 있네.
화려함도 싱그럼도 잊고
녹차 잎새로 야위어 가는 사랑,
자신을 죽이고
마침내 천상의 빛과
향기를 품은
내 한 사람이여,
늘 드높은 긍지와
풀빛 향기를 머금은
정적에 잠긴
순수 얼의 수정체,
사철 변함없이
나를 지키며
자연의 순수함을 실은
마차를 모는
숨은 영웅이여.

그대는 내 모든 불안을
잠재우는 단단한 성채,
내가 달려가면

안식의 잠을 주는 평안이여,
하여, 그리움이 서린 오랜 친구들인
서해와 동해 바다의
갯내음과 빛나는 일출이
계룡산의 정취가
토론토의 붉은 단풍과
눈부신 눈꽃 풍경과 함께
어우러져 한 빛의 정경이 되는
그 숨은 원형의 기쁨으로
나를 넘치게 하네.

신이 보내준 한 사람,
언제나 이기적인 내게
늘 휘청이는 내게,
마지막 원탁의 기사가 되어
변함없이 한 자리에 머무는
하여, 내가 달려가면
늘 반기는 그대의 방,
온갖 잊혀진 들풀의 향기와
충만한 빛으로

지친 영혼을 하얗게 씻어주는
푸른 침묵의 한 사랑.

한 사람이 있네
빛나는 그대의 눈매의 끝은 어디련가
그 세파 속에서도
그 눈보라 속에서도
방황하는 내 상처난 영혼을 건져내는
흔들리지 않는 단단한 성채여,
강인하면서도
아기의 풋풋한 향기를 지닌
그대 영혼의 끝을 더듬으며
내 고독을 부비며
지친 영혼을 데우며
그대 안에서
어느새 나는 어린아이가 되네.

2부

나무도 그럴 것이다

나무도 그럴 것이다

나무도 그럴 것이다.
한 삼 년이면 돌아가리라
내 고국 땅으로 돌아가리라
마음 속 깊이 다짐하더니
오 년을 족히 넘긴 이국 생활에
자꾸만 떠나기가 무거워진다.
한 평의 땅이 아늑한 둥지가 되고
오랜 추억이 나른한 고향이 되더라.

나무도 그럴 것이다.
훌쩍 큰 키며
길게 드리운 가지며
정든 풀잎마저도
이젠 넉넉한 가족이 되고
이웃이 되어 작은 에덴동산을 일군
내 아기사과나무여,
새소리 낭자한 너를 바라보며
맞이하는 이국의 아침이
어느새 아늑한 내 집이더라.

나무도 그럴 것이다.
수 년을 뿌리 내린 대지에서
푸른 젖을 먹고 다부지게
자라나는 투명한 혼불,
어디인들 꿈을 먹고
튼실하게 자랄 수만 있다면
그 꿈들이 홍보석으로 열리고
어느새 별이 되는 무릉도원이 아니던가

나무도 그럴 것이다.
고요한 도시 속의 정물화 한 폭에
날아든 작은 노랑새 한 마리
목청껏 부르는 노래에
잎새들이 악기 되어 장단 맞추는
나른한 평화의 숨결이 넘치는
나무는 진리의 표상,
나도 저 나무를 따라
사념의 머리카락 흩날리며
온누리 휘날리는 자유의 깃발이 되리라.

모란

모란에 드디어
꽃 구슬 열댓개가 찾아들었네.
아기 모란을 고이 심어두고
하냥 기다리던 삼 년,
이국생활,
좋은 일만 생기라고
날로 지혜의 날개 펼치라고
고대하던 삼 년,
행복 건너 행복을
무심한 양 묵묵히 기다리길 삼 년,
김영랑 시인의 마음이 되어
뼛속 저리게 모란을 알아가던
지난 삼 년이었네.

이천팔 년 오월초 어느 날,
팔팔하게 물오른 날개짓 사이로
청룡의 여의주처럼 여기저기
꽃구슬이 비상하며 빛나는
그 모습에,
나의 기다림에

드디어 쌍무지개 떠올랐네
아침마다 맨 처음 눈인사가 삼 주일,
아직도 기다림으로
나의 봄은 설레는 물아지랑이 속,
모란이 피기도 전에 나는
모란을 다 알아버린 듯
모란이 지고 나면 그뿐
김영랑 시인의 마음이 되어
하냥 "찬란한 슬픔의 봄을" 기다려 보겠네.

천도 복숭아

신도 그러하였을 것이다.
정원의 꽃을 가꾸고
함께 기뻐하는 것은
신의 마음 속으로 들어가는 통로,
어쩌면 무릉도원 속 신선의
천도 복숭아는
우리 곁에 있는 저 딸기나 사과 나무에서
발견되는 상징일 것이다.

신선의 무릉도원은
작은 뜰 속에 숨어있었다.
나를 죽이고 희생으로서
영원을 알아가는 것,
사과 나무는 사과를 영글게 하여
나에게로 준다. 그 사과를 먹음으로써
나는 자연의 기쁨을 느끼고
사과는 죽은 것이 아니라
내 영혼의 직관과
씨의 환원으로 되살아난다.

지배의 탐욕이 없는,
질시가 없는 평화와,
무한한 기쁨이
작은 화초 안에서 울려 퍼진다.
나의 정원 안의 사과는
신선이 준 천도 복숭아,
나의 무릉도원이 거기 있다는 것을
천도 복숭아를 든 중국 전설 속
신선의 욕심없는 무한한 기쁨이 흐르는
저 작은 조각상을 보면서 느꼈다.

라벤다 향기 속에서

지구를 지키는
전사의 역을 잘 맡는
브루스 윌리스의 SF 영화 "대리인"에는
젊고 건강미 넘치는 불멸을 꿈꾸는
모든 사람의 열망을 충족시키는
로봇 인간이 또다른 내가 되어
미래의 거리를 활보한다.

어릴적부터 사철 포도향을
갈구하던 나는
잘익은 포도의 향내를 늘 그리워했다.
언제부턴가 아기 예수의 속옷을 널은 후
라벤다에는 향기가 생겼다는
그런 기독교 전설이 아니더라도
우연히 보라빛 포도색 라벤다의
꽃 향내에 대리만족을 느끼며
포도철이 오기까지
잊혀진 태고적 안락과 평화를 꿈꾸었다.

향내의 바다에 잠긴 나는

장미향보다도
차라리 진한 포도향을 그리워한 것은
늘 미지의 알 수 없는 포근함을
그리워한 까닭이리라.
라벤다 향내에 숨은 내 코끝 전설은
포도향에 대한 아련한 그리움을
굽이 굽이 펼쳐내면서
보라빛 신비의 바다로 넘치고 있다.

토론토의 단풍나무에게

북풍의 냉기가
서서히 점령해 들어 올 즈음에
저리도 따스한 모닥불 온기로
다가서는 이는 누구인가.
스산한 바람에 홀로 시름에 겨운
헐벗은 영혼들과
따스한 온기를 나누고자
손에 등불을 들고
저 손짓하는 이는 누구인가.

거짓이 어찌 진실을 극복할 수 있으랴.
진정 꿈꾸는 생명초들은
저 권유하는 지혜의 말씀따라
그가 지펴놓은 은밀한 동굴 속
화롯불가로 서서히 모여들고 있구나.
이제는 안으로 안으로만 불을 지피고
내일을 위한 쉼터에서
긴 겨울나기를 위해 서로간의 훈김을 모아
데카메론을 엮어내야 할 시각.

피할 것은 피하고
마땅히 누릴 것을 찾아가는
저 온유한 지혜를 위하여
미래의 푸른 꿈을 위하여
저리도 맨몸으로 북풍한설의 채찍질을
견디는 이는 달뜬 얼굴로 한껏 정열을 모아
모든 어진 이들을 불러 모으는
스스로가 세상의 붉은 횃대가 되고 있구나.
미래의 태양을 기약하는
울긋불긋한 새 봄의 프랭카드 물결로
휘날리고 있구나.

체리 토마토
- 이웃사촌 피터 아저씨의 명복을 빌며

리치몬드로 이사온 날
반갑게 내민 첫 손길은
홍콩에서 이주해 반평생을 넘게
토론토에서 살아온
낯설지만 낯익은 해맑은 둥근 얼굴,
피터, 바로 당신이었지요
어쩌면 세 아이들을 곱게 키워
사회의 인재로 배출하여
이민 일세로서 이민초보자인
나의 모범이 된 당신.

이제사 돌이켜보면
당신은 작은 사랑과 열정이
주렁주렁 열리는 체리 토마토를 닮았군요
그해 겨울 홍콩에 묻고 온 아내 대신에
새로 이사 온 내게
한아름 체리 토마토를 안겨주며
슬며시 돌아서던 당신의
엷은 미소가 아직도 선명한데
올 여름도 당신의 정원에는 변함없이
체리 토마토가 익어가는데

당신은 어디로 가셨나요

이민 생활의 거센 눈보라를
작은 체구에도 용케 막아내면서
세 자녀들을 지켜낸 홍콩의 작은 거인이여,
당신은 아내를 잃고
삼 년의 암투병을 하면서도
언제나 미소와 낭만을 잃지 않는
강인한 정신력으로
오히려 나를 즐겁게 해주는
늘 반가운 이웃사촌이었지요
해마다 봄이 오면
나도 체리 토마토를 심고
울타리 너머 염화시중의 미소를 나누며
우리는 오년의 긴 세월을
울타리가 있는 듯 없는 듯
한결같이 잔잔한 꽃을 피우며
올망졸망 살아왔지요.

당신의 몸을 갉아대는
무심한 세월에도

찬란한 생명의 빛을 잃지 않았고
잠시 뉴욕여행을 다녀오마던
짧은 인사만 뒤로 한 채
당신의 귀가를 알리자마자
병원으로 내달리더니
그렇게 서둘러 훌쩍 떠나버린 이웃이여,
우리의 마지막 인사는
한줄기 녹음의 빛으로 스러져갔지요.

이국에서 빈 둥지를 튼
같은 동양인으로서 어느덧
서로가 무언의 동지가 되어
의기투합하여 달려왔건만
이 무성한 여름이 다 가도록
당신의 안부를 묻기 위해
나는 울타리 사이 너머로
당신의 미소인양
줄기마다 빨갛게 타오르는
주인 잃은 체리 토마토와
하릴없이 눈인사만 나누겠지요.

돌나물

겨우네 숨죽이고 푸른 빛을 모으는 것은
올곧은 소나무와 벗함이련가.
그의 꿈들이 낮게 낮게 엎드려
소리없는 바다의 푸른 물결로 출렁인다.

잔디밭의 푸름보다 너의 빛을 불러모아
탐스런 풍요로움의 새봄의 식탁,
스산한 가을날의 정원을 덮는
모포이면 어떠리.

저리도 고운 빛에 내가 물이 올라
나도 너와 더불어 굽힘이 없는 푸르름
날마다 장미 봉우리의 형상으로
그렇게 강인하게 뻗어가련다

잔디 대신 돌나물로 정원을 덮고
너와 더불어 먹고 푸르게 뻗어가는
이름 모를 꿈들로 가득
꿈들이 펄렁이면 공간도 차리.

사과나무에게 I

사랑은 연합이다
그대 가는 길 나도 가고
내 가는 길
그대 함께 가는 것이다
오랜 열정으로 가도 가도 지치지 않는
사랑은 오색 무지개빛
그러나 한 빛이다.

사과나무에게 II

하나이면서 하나가 아니다
둘이면서 둘이 아니다.
물과 태양과 대지와 바람
네 요소가 그 안에 있다
우주가 모두 그 안에 있다
모두 다 말할 수 없는 것들이
서로가 떨어질 수 없는 것들이
그 안에 있다
그러나 사과나무는 사과나무다.
어린아이의 눈으로 단순하게 보면
모든 것이 하나의 사과나무,
어린아이의 눈을 통해서만이
사과나무는 사과나무가 된다.
어린아이의 눈 속에서는
하나는 열이 되고 열은 백이 되는
그 경이 속에서
심안으로 또 보면
모두 하나가 된다.
하나이면서 하나가 아니다.

사과나무에게 III

호수가 숨겨진
푸른 눈의 한 아이가
반짝이는 햇살이 되어 외친다.
"애플!"
다른 아이들도 연달아서 외친다.
이제 막 말을 배우기 시작한 그들의
입안 가득 넘치는 언어의 물결,
"애플, 애플, 애플!"
아이들의 놀이방에는
사과의 풍요와 축복이 가득하다.
어느새 지구는 하나의 거대한 사과가 된다.

나는 안다.
이 사과가 있기 위해서
하늘과 땅과 인간의 숨은 수고가 있고
그래서 단물 가득 담겨 있다는 것을 안다.
작은 손 가득히 사과가 들어가기 까지
그것이 아이의 눈부신 보석이 되기까지
가없는 사랑이
향기 가득 넘치고 있다는 것을 안다.

지구는 사과의 바다
향기의 바다.

사과는 인류가 잃어버린 희망.
나는 이 가을의 풍요 속에
그 희망의 사과를
아이들과 함께 어루만지며
혹은 나의 사과나무에 가만히 기대어 보며
마냥 반짝이는 홍보석으로 넘치고 있다.
"내일 지구에 종말이 온다해도
한 그루 사과 나무를 심겠다"는
저 스피노자의 꿈이 하늘에
희망의 깃발로 펄럭이는 것을 우러른다.

사과나무에게 IV

- 이별의 즈음에서

짧다면 짧은 한세상
기쁨보다는 슬픔이 더 많고
울화 치미는 일 더 많기에
그 모든 인간사 얼룩진 삶의 굴곡 앞에서
초연하라고, 가슴에 알박힌
모든 화인들을 말끔히 지우라고
그리하여 지운 그 자리마다 기념비로
초록 잎새 하나씩 매달라고
나이 한 살적부터 너는 꼬막손으로
내 혼불에 잎새 달아주더니
어느새 울창한 어깨 벌어진
청년이 된 널로 더불어 내 영혼에도
온 몸에도 푸른 잎새가 마구 돋아나누나.

길다면 긴 한 세상
허망하여 가슴 무너지는 날들을
서로 두 어깨 비껴 세워가면서
우리는 그리도 서로 의지하며
한 오년을 살았노라.
악은 온누리 휘날리며 드세고
선은 어둠 속으로 뒷걸음질쳐 달아날 때

가슴 쓰라린 울렁임으로 내 홀로 들썩일 때
뜰 앞의 사과나무여,
너는 나를 불러 그럼에도 늘 당당하라고
고운 하늘 말씀 전해주는 전령사 되어
축 처진 내 어깨를 다독여 주었노라.

가도가도 끝없는 이 인생의 회자길에
너를 두고 이사가려는 이 즈음
너로 하여 내 마음 상실하여
가슴이 뻥 뚫려오는 이 내 사랑을 어찌하랴,
우주 대변혁기를 맞이하여도
저자거리마다 울려퍼지는 소음에
고승도 성인군자도 자취없이
네온의 저 요사스런 무리에서 달아나라고
한사코 앙상한 손 내밀어 나를 이끌더니
이제 내가 너를 두고 멀리 떠나가노니,
차라리 너마저 가슴에 품고 대자연을 품고
나는 우주의 혼불을 돌고도는
먼 여정에서 돌아오고 있누나.

해바라기

삶의 가장 깊은 지혜는 자연에 숨어 있는가
해마다 작은 불씨들이
알알이 영글어 가는 내 마음의 등대여,
길게 목을 뺀 해바라기 안에는
시간의 모래 시계가 숨겨져 있네.
크게 벙근 실한 해바라기일수록
시간을 따라 깊이 머리 숙여
절하는 법을 익히고 있네
작은 꽃망울이 앞 다투어 피어날수록
서로가 해의 형상을 뽐내는 듯
시샘을 하는 듯 서로 어깨를 겯주며
발돋음으로 서성이네.

해바라기에게서 숨은 지혜를 찾겠네
세월 갈수록 몸을 낮추고
깊이 머리 숙여 절하는 해바라기는
뭇 새들이 그를 침탈하지 못하게 하는
방패를 두른 채 저리도 튼실한
씨앗들을 알알이 품을 수 있었네.
그러나 철없이 해를 닮고자

시간 가는 줄도 모르고
오만하게 고개를 바짝 쳐든
작은 해바라기들은 그 절정기에
뭇 새들에의 공격을 받고
끝내는 모든 알곡이 뜯겨 나간 채
텅 빈 폐허가 되었네.

한 세상 빛을 추구하며
해를 닮고자 온통 영혼을 불사른다 해도
때론 뭇 새들의 입방아를 피하기 위해
자신을 낮추고 안으로 모닥불을 지피는
숨은 지혜자의 순례의 여정이여,
저 낮게 머리 숙인 해바라기는
겸허한 성자의 지혜의 등불,
그 숨은 밀어에 귀 기울이며
어지러운 한 세상을 묵묵히 지키는
등대지기의 투명한 얼과 만났네.

민들레의 꿈 I

내 어릴 적 추억 속에
언제나 눈부신,
작은 왕관으로 다가와
잃어버린 전설의 황녀의 꿈을
속살거리는 너는 잊혀진 전설이었다.
보기도 아까운 너를
나는 가끔은 오래 간직하려고
너를 따다가 화병에 두거나
책갈피에 남몰래 끼워두고
네 황금빛 전설을 간직해 왔다.
네 투명한 씨알의 찬란함에
감탄하였다.
그런 추억의 빛살이
내 앨범 속에는 빛나고 있다.

토론토에 와보니
새삼 이 곳은 너의 소왕국이다.
황금빛 봄날을 장식하는
봄의 요정 팅커벨이여,
그러나 눈부신 네가

이 곳에서는 풀보다 못한
잡초로 멍에 지어져
정원의 불청객으로 낙인이 찍혀
수난을 당한다.
그래도 나는 너와
자꾸만 친해지고 싶어진다.
너의 숨은 풀씨의 언어에
나는 자꾸만 감동한다.

그런 나를 낯선 이웃들은
따가운 눈초리로 바라본다
네 생명력과 전파력이
그들의 분노와
숨은 두려움이 된다.
그래서 나는 이웃의 질타를 의식하고
무언의 강요에 압도되어
모질게도 너의 황금빛 왕관의
밀어를 무시하고 너를 마구 뽑아내거나
제초제로 너를 제거해야 하는
아픔과 죄스러움을 감내해야 한다.

시든 네 왕관 옆에서
나의 시름은 깊어만 가고
너를 고국으로 보내면 어떨까 하는
상념에 잠긴다.
만산 가득히 진달래와
더불어 마음껏 만발하여
붉게 노랗게 울려 퍼지는
빛의 합창소리,
한반도 가득히 울려 퍼지는
그 황금빛의 왕국에서
온갖 쑥들과 냉이들과
마냥 춤을 출 수 있도록
나는 너를 멀고 먼
고국의 들과 산으로
마구 날려보내고 싶다.

민들레의 꿈 II
- 뉴에이지를 위하여

새 봄을 맞이하다
화초가 자랄 즈음엔 잡초도 같이 자란다
잡초가 자라는 속도가 더 크고 보다 강하다
화초와 잡초의 정의는 누가 내린 것일까
아름답고 향기로우며
사람에게 이득을 주는 것이 화초이다
사람이 먹어서 이로울 때 곡식이 되고
야채가 된다.

민들레,
너는 잡초가 되어 살아간다
화초가 되고 싶어
한껏 치장을 하고
야채임을 자부해도
사람들의 따가운 시선을 받으며 살아가야 한다
그러나 시대가 바뀌고 취향이 바뀌면
분명 천상의 왕관을 지킨
찬란한 화초로 칭송되리라는
황금빛 꿈을 꾸며 살아간다.

화초가 아닌 잡초가 되어
집집마다 문 두드리는 그대는
분명 불청객,
곳곳마다 찾아드는 그대의 미소를
외면하고 어느덧 독소의 화신으로
지탄받는 그대.

잡초의 소망은
화려한 향기와 꿈을 주는
화초가 되는 날이다.
그날을 위해 비 맞고
햇빛 마중 나가고
부산하게 준비를 한다.
내일은 밝은 날이 온다고
신의 언약을 믿으며
오늘은 뽑혀나가고 잘려 나가도
황금 왕관의 꿈을 그리며
단단히 대지를 부여잡고
풀씨들을 날리며
자꾸만 황금관의 꿈에 젖는다.

3부

붉은 장미에게

붉은 장미에게

흔들리는 나뭇잎의 춤사위에서
자유를 만끽한다
그 위 꽃봉오리의 미소에서
낙원의 향내를 맡는다
눈부시도록 오색 무지개빛
하늘에 두 팔 벌리고
땅에 두 다리 뻗어
달려가는 저 모습을
나는 왜 명경대 삼지 못했던가.

너를 기다리는 것이
내 한 생애의 일이였던 것을
잃어버린 삶을 찾은 듯
너와 하나가 되는 것이
내 모든 꿈의 종착지였던 것을
나는 왜 모르고
늘 눈먼 집시가 되어
마구 헤매다녔단 말인가.

가도 가도 끝이 없던

귀향길을 너와 함께
춤추는 왈츠가 되어 떠나간다.
너와 더불어 꿈꾸며
그리운 줄도 모르고
내 님인줄도 모르고
둥글게 휘돌아가는 한 빛이 되어
나는야 잃어버린 왕국으로 간다.

뜰 앞의 장미에게

정성 어린 손길로
거름을 주고 찬연한 빛과
순수한 물을 합하여
새 잎은 돋아나고
그 잎새들의 합창 속에
온갖 대지와 하늘과
하나가 된 오케스트라가
연주되어 드디어
천상의 장미는 피어나는가.

그렇게 밤마다
그대의 기도는
물의 노래를 부르고
대지의 사랑을 부르고
하늘의 깊은 뜻을 불러 모아
서로 한데 어우러져
그대 상처난 영혼은
다이어먼드 빛,
투명함으로 저리도 일어나는가.
그대의 밤새 피운

모닥불 열정으로
드디어 하늘 빛은 열려 오려는가.

거름 주고 햇살 맑으면
꽃이 된다는
그 말이 이다지도
순수한 느낌표로 다가 오는 것은
예정된 시간을
연출하는 신 앞에서
우리는 모두가 배우가 되어
저마다의 열정으로
꽃을 피우려 하는 것이 아닌가.

나의 노래는

나의 노래는
별들의 품 속에 새겨져 있네
무한한 우주가
고개 숙이고
천사들이 그 노래 별들의
가슴에 새기네.

작은 희생의 기쁨
작은 순간의 별리
우주는 그렇게
꿈 속에 젖고
나의 꿈들도
한 세상과 더불어 사그라질 때
별들의 품 안에
새겨진 드라마
그 주제곡들은
영원히 새겨져
우주의 오페라가 된다네.

천상의 장미

정성 어린 손길로
거름을 주고 찬연한 빛과
순수한 물을 합하여
새 잎은 돋아나고
그 잎새들의 합창 속에
온갖 대지와 하늘과
하나가 된 오케스트라가 연주되어
드디어 천상의 장미는 피어나는가.

그렇게 밤마다
그대의 기도는
물의 노래를 부르고
대지의 사랑을 부르고
하늘의 깊은 뜻을 불러 모아
서로 한데 어우러져
그대 상처난 영혼은
다이어먼드 빛,
투명함으로 저리도 일어나는가.

그대의 밤새 피운
모닥불 열정으로
드디어 하늘 빛은 열려 오려는가
거름 주고 햇살 맑으면
꽃이 된다는
그 말이 이다지도
순수한 느낌표로 다가 오는 것은
예정된 시간을
연출하는 신 앞에서
우리는 모두가 배우가 되어
저마다의 열정으로
꽃을 피우려 하는 것이 아닌가.

우담바라

무수한 시간의 파도 속에서
영웅들의 외침이 묻혀져 사라진다.
한 송이 천상의 장미꽃을 피우기 위해
영웅들은 그렇게 자신의 피와 살로
거름을 주었고, 멀어져 가야만 한다.
땅과 하늘도 그 안에 정기를 담아주고
그리고 시간의 옹기 항아리, 뚜껑을 덮고
약정된 시간 만큼의 숙성이 필요하다.

깊은 붉은 색을 위해
진한 장미향을 위해
영웅의 꿈들의 퇴비와
하늘과 대지의 뜻을 품어안아
시간이라는 기도의 오랜 염원 속에서
마침내 천상의 장미꽃
미륵불이 들고 오는 우담바라
상상화는 천국문을 열고 한껏 피어올라
온 우주를 장미의 찬미가로
흔들리게 할 것이다.

세상의 붉은 장미

그가 맞는 한 번의 채찍질은
수십조억 광년의 영광의 상징이고
그가 흘린 피 한 방울은
수억년의 창조의 샘물이니
오늘의 그대,
그를 따라 피어난 장미여,
외로이 떠나가는 바람에
춤추는 붉은 장미여,

그대 흐르는 눈물 한 방울은 영원을 수놓고
그대의 한걸음은 한 별의 불멸의
안식처를 만들기 위함이니
그대의 고행은
우주의 찬미가를 엮고
그대의 슬픔과 한숨은
우주의 생명의 합창을 엮어내니
부끄럼이 없어라

순결한 이의 고귀한 희생은
저리도 침묵으로

부서지는 파도소리와 같으니
어떤 언어로도
피울 수 없는 꽃이
여기 있으니
그러므로 천사들과 사람들은
새시대 구세주의 영광을 찾을 것이다.

광대를 위하여

광대여, 광대여,
그대 사랑의 탄성
그대의 예언의 묵중한 언어
나는 그대의 언어의 덫에 걸려버린
한 송이 어둠 속에 피어난 장미

광대여, 광대여,
그대의 잔혹한 예언의 힘에
갇혀버린 나를 꺼내 줄 수는 없는가.
아하, 시간이 지나면
빗장을 열어주겠노라고
밀어를 속삭이는 광대여,
나는 진정 그대의 붉은 장미
불멸의 장미가 되기 위해
고치 속에 갇힌 나비인가

광대여, 광대여,
이 어둠 속에 나를 두고 어디론가
가버린 그대여,
나를 두고 가지 말아요

나는 너무 어둠에 약한걸요
약간의 온기가 필요해요
당신의 빛나는 재담이 필요해요.
그대의 잔인한 언어가
현실 속 화살이 되어 다가올 때
나는 세인들의 무지를 탓할 수는 없네요

광대여, 광대여,
나를 불러 함께
빛나는 하늘을 날아요
저 바닷가를 말을 타고 달려요
그날을 기다려요
해변의 추억을 더듬으며
고치 속 어둠 속에서
붉디 붉은 장미의 피 토하는
꿈을 간직한 채
숨가쁘게 달려 올
나의 광대여,
그대를 기다려요.

성자를 위하여

- 눅 23:34: 아버지 저들을 사하여 주옵소서
자기들이 하는 것을 알지 못함이니이다 -

그날 높이 들린 그대로
그대의 영상이 내 영혼에 새겨져 있기에
진정한 용서하는 마음을 알았네.
그대가 내 마음에 새겨져 있어서
진정한 희생의 기쁨을 알았네.

내 고독이 깊어질 수록
그대의 마지막 외침의 의미를 알았고
내 하루의 고통의 끝을 알았네.
그대의 뜨거운 눈길이 내 가슴에 머물러
홀로 있어도 한없는 사랑의 의미를 알았고
또한 누군가에게 아린 사랑을 줄 수 있다네.

그대의 고통의 발자취의 의미를 알았기에
내 잊혀진 이름을 찾았고
서서히 밀려와 재현되는
고통의 축제의 시간 속에서도 진정한
아픔의 끝을 알았네.
그대와 눈맞춤 하면서 침묵의 대화가 깊기에
희망의 두레박을 쉼 없이 길어 올리며

스치는 고통의 매 순간 순간마다
소중히 보듬어 안고 사랑할 수 있다네.

내 삶의 모든 해법과
내 영혼의 빛의 원천이
모두 그대의 빛으로부터 발하고 있기에
나는 어둔 혼돈의 세상에서도
이토록 당당하고
깊은 평화를 품을 수 있다네.

불멸의 장미가 돌아오네

그들은 그렇게
그녀를 살해하였다네.
사지가 찢어지거나
화형을 당하여
채찍질을 당하여
시간의 십자가에 못박힌 장미여,
견디다 견디다 못해
그녀가 그렇게 사라져버리기를 바란다네.
알렉산드리아의 히파티아,
혹은 이십세기의 정점에서 스스로
소피아의 천형을 지고 간다고 믿었을
실비아 플라스의 신음과 고통의 환희.
그렇게 아프게 고독하게
그녀를 채찍질하는
물고기자리의 모래 시계여.
그 시간의 십자가여.

그가 보여준 그대로
십자가에서 처절하게
장미는 매달려 방치되어

피말려야 했다네.
눈먼 이들이 정복한 세상은
눈먼 이들끼리 찬사를 돌리고
빛을 말하는 자는
능지처참이거나 사살되거나
모두 뼈를 갈아 피를 빨아
그들로 배부르게 하는 어둠의 시대였다네.
그러나 이제 그녀가 돌아오고 있네.

사자의 머리를 휘날리며
다가오는 그녀는
지금껏 보지 못한 비단 옷을 입었노라.
누가가 건네었을까
그녀 흰 손엔 장미꽃다발이 들려있다네.
걸음마다 춤을 추며
왔노라,
보았노라,
승리했노라,
영웅의 말을 웅얼거리며
아직은 소녀처럼

고운 눈길로 홀로 거리를 누비네.

그녀가 누구인지
그녀가 몰고 오는 빛살의 강렬함도
느낄 수 없는 눈먼 이들이
거리마다 웅성거리노니
그들 사이로 홀로 서성이는
그림자같은 그녀의 자태를
그들은 차마 보지도 만지지도 못하리.

누가 그녀를 위해
장미꽃을 바치려 하나
그 누가 그녀를 알고 울어주려 하나
시커먼 적막의 벽에 갇혀서
그녀가 서 있네.
그러나 그녀는 빛의 등불을 높이 들었으니
어둠의 벽이 제 아무리 굳건해도
이제 길을 열어야 할 시각,
모세의 지팡이가
바다를 힘껏 가르듯

오랜 침묵의 빛이
그 지혜의 어머니의 손길이
어둠을 가르고
자신의 성녀를 위해
빛의 구름다리를 놓으리.

그대들 어둠의 자식들이여,
이제는 빛의 광야로 나와야 할 시각.
여명의 시대에 황금빛
새 시대로 잠깨어나라.
외치는 대천사장의 나팔소리 드높으니
더는 남성중심의 신 얄다바오스의
무대는 아니라네.
그가 멀리 벌거숭이로 내침을 당하였으니
그 추종자들도 모두 멀리 사멸되었으니
새시대의 팡파레를 높이 울려라.

그녀가 오는 발자국소리가
멀리서 진동을 하는 이 시각,
산천도 대양도 숨죽여

모두 떨며 길을 여노니
별무리 성좌들도
저마다 휘돌아가는
팽이춤을 추노니
바야흐로 새천년의
우주의 축제가 개막되었노라.

온누리 일곱 천사들이여,
천상문을 열고
고개를 조아려라,
성자의 부름에 모든 천사들이
나열하여 춤을 추노니
일곱 천사들이
옹위하는 불멸의 장미,
지상의 성녀 소피아가 등극하는 시각.

그녀가 다가오는 걸음마다
치마폭 사이사이 별꽃들이 깔리네.
보라, 저 천국에

장미의 성이 우뚝서니
그 옥보좌 길이 은하수로 펼쳐지니
땅에는 평화
하늘에 영광이 넘치리니
천상의 빛줄기 길게 내려와
온누리 별무리들도
사랑의 장미를 옹위하노니
천사들도 신인류도
모두 우러러
불멸의 장미를 위한
찬미가가 드높으리라.

골고다의 함성

그가 맞는
한 번의 채찍질은
수십조억 광년 영광의 상징이고
그가 흘린 피 한 방울은
수억년 창조의 샘물이니
오늘의 그대,
그를 따라 피어난 장미여,
외로이 떠나가는 바람에
춤추는 붉은 장미여,

그대 흐르는 눈물 한 방울은 영원을 수놓고
그대의 한걸음은 한 별의 불멸의
안식처를 만들기 위함이니
그대의 고행은
우주의 찬미가를 엮고
그대의 슬픔과 한숨은
우주의 생명의 합창을 엮어내니
부끄럼이 없어라.

순결한 이의

고귀한 희생은 저리도 침묵으로
부서지는 파도소리와 같으니
어떤 언어로도
피울 수 없는 꽃이
여기 있으니
그러므로 천사들과 사람들은
새시대 구세주의 영광을 찾을 것이다.

생명나무를 찾아서 1
- 크리스마스 트리

이 땅의 가난한 영혼들이여,
시린 발을 동동거리며
얼마나 그대 오기를 고대했던가
하여, 해마다 그 날이 오면
흠 없는 소나무를 골라
저리도 크리스마스 트리를 장식하고
그대의 그림자 밟기를 재현하는가
철부지 아이들도 그 주위를 맴돌며
알 듯 모를 듯
그대의 영광의 빛에 젖어
춤추며 뛰놀고 있네.

눈보라 속에서도
늘 푸른 손길이여,
저마다 가난한 마음 밭에서
캐내 온 빛 알갱이들을
한 알 한 알 모아서
크리스마스 트리에 걸고
희망의 빛을 켜노라면
어느새 잊혀진 영광의 빛이 켜지고

그대는 긴 겨울 밤의 모닥불 되어
얼어붙은 영혼들의 혼불을 지피네.

성장한 크리스마스 트리에는
드높은 산언덕에
홀로 회색 도포자락 휘날리며
항시 등불을 밝히고 서 있는
은둔자인 그대의 얼이 깃들어 있네
하여, 그대의 가없는 등불은
저리도 어둔 거리마다 내리 비추는
가로등불이라네.
하늘 드높이 떠있는
방랑자의 나침반,
이 땅의 북극성이라네.

생명나무를 찾아서 2
- 태양 하나

황금의 태양 하나 갖고 싶네
낮에만 오는 태양이 아닌
밤에도 소리없이 다가와
하늘 높이 우뚝 서서
이글거리는 성난 얼굴로
모든 어리석음과 우둔한 악을 물리치고
침상의 아가인양 나를 굽어보고 지키는
그런 태양 하나 떠오르기를
나는 늘 간절히 기도하고 있네.

밤마다 날마다 꿈을 주고
사랑의 불을 지피고
늘 훈훈한 생기 돌게 하는 나만의 태양을
그 빛 속에서 모든 상처 치유되고
오만과 눈 먼 자들, 귀먼 자들
소용돌이의 갈퀴로 내 영혼을 할키는
매서운 손톱 발톱
모두 단번에 잘라내고
불사르는 나만의 태양 하나
가슴에 고이 간직하고 싶네.

밤에도 뜨는 태양
하여 낮도 밤도 아닌 어둠 속의 빛
빛 속의 어둠을 모두 지닌
온 우주를 내리비추는
어둠도 절망도 없는
더 이상 홀로가 아닌
그래서 온누리 소공녀 소공자가 되도록
감싸고 토닥이는
그런 태양 하나 그리며
뒤척이다 잠을 자는
내 눈물자국이 그 분께로 가는
엽서가 되고 이메일이 되어
밤에도 낮에도
함께하는 나만의 태양 하나
가슴에 고이 간직하고 싶네.

사막의 낙타

나는 가슴에 새겨진
장미빛 아픔을
고수하다가 고수하다가
마침내 죽을 것이다.
그것이 어둠의 사막을 건너는 낙타의 운명,
우주 탐사의 임무를 부여받고
홀로 광활한 우주에 떠도는
탐사선 안의 고독한 개의
공허한 공포의 외침처럼
나는 어둠 속을 건너는 긴 사막의 낙타.
그 운명을 깨닫기까지는
오랜 아픔의 잠이 있었다.
아무도 알려주지 않는 깊은 수렁 속에서
홀로 지새는 신음의 나날이 있었다.

깊은 열과 압력으로 숯이 된
내 영혼은 얼만큼 단련이 되었을까
깊은 어둠 속에 숨어서
다이어먼드 광맥으로 눈뜨기까지
그 보존을 위해 밝힐 수 없던

긴 담금질의 날들이여.

나는 기다리다 지칠 것이다.
가도 가도 일은 절반도
이뤄지지 못할 것이고
마침내 어느 날 갑자기
하늘 문이 화들짝 열리고
님은 나를 불러 황금옷 입히고
다이어몬드 왕관을 씌우실 것이다.

그 빛남을 위하여
그 태고적 언약을 위하여
님의 손은 나를 들어올리실 것이다.
무수한 어둠 속 담금질의
긴 터널을 건너는 낙타는
어떻게 빛으로 재생되는지 모르지만
언젠가 다가설 그 찬란한 눈부심을 고대하며
긴 사막 둔덕에서
바다를 꿈꾸며 숨 죽이고 있다.

사랑의 연금술사에게

노동의 가치는
돌이 금으로 화하는
신성한 연금술
모든 기적의 창.

밭에서 땀흘린 농심은
밭 갈고 씨 뿌리면
햇살과 빗물 내려주리라
그런 하늘의 밀약이 있었음이라네.
씨 뿌리면 새 움트고
꽃 피고 결실의 날이 온다는
땅의 무언의 굳은 언약이 있었음이라네.

들밭의 푸른 언약처럼
우리네 영혼밭의 씨앗 뿌리기에도
늘 푸른 추숫날은 있으려니
긴 날을 쌓아온
내 비밀스런 사랑의 갈무리에도
늘 푸른 행복의 무청이 쑥쑥 자라고
기쁨의 과실이

주렁주렁 영글어가는 날 있겠네.

내 밭이 검은 멧돼지들에게
쑥대밭이 되는 곤고한 날이 와도
그대의 한결같은 속삭임은 있어
어느새 나는
희망의 꽃을 피웠네.

하여, 오늘의 비정한 세파에도
한갖 어둔 날의 스처지나갈 모진 폭풍우,
내일은 성큼 한아름
햇살 몰고 오실 그대,
항시 내 안에 거하는
빛부심의 연금술사여.

북소리

거친 세파 견디어 온
지난날은 그대의 무두질의 세월
이제금 남은 것은
질기디 질긴 명줄로 엮어 놓은
내 영혼의 메마른 쇠가죽 뿐,

여기 홀로 가슴 비워두고
내게 남은 것은
명상의 등잔불에 어리비치는
텅 빈 영혼의 숨결에
파르르 떨리는 흰 문풍지 뿐.

이제금 그대는 북채 되고
나는 북이 되어
둥 둥 둥. . . .
그렇게 새 천 년 맞이
길목을 여는 퍼레이드는 시작되었는가.

낭자한 소 울음소리인
이 내 가슴 저미며 우려내는 북소리가

하늘 가 푸른 융단으로 높이 걸리면
진정, 새 시대 새 빗장이 열리는
여명의 신호탄이 높이 솟구침이 아니런가.

어떤 슬픔

꿈 속에서 나는
한 슬픔을 보았네.
그녀의 아픔을
켜켜히 가슴에 박힌
고통의 탄피를 들여다 보았네.
아무런 연유도 모른 채
옆 나라의 횡포로 유년을 저당잡히고
6.25 동란의 비극을 겪고
밀려드는 거센 이데올로기의
파도에 자꾸만 떠밀려서
헐떡이며 멀어져 간
그녀의 예술 혼.

내 이웃 언니같이
소박한 북한의 작가였던
지금은 행방을 알 수 없는
그녀를 꿈 속에서 만났네.
찢어진 흰 저고리와
검은 무명 치마에
흐트러진 머리칼의 슬픈 목숨이

내게 손을 내밀었네.

벼랑 끝을 사이에 두고
자꾸만 멀어져 간
남과 북 사이에서
희생양이 된
끝 모를 절규 속에
벼랑 끝으로 멀어져 간
부서진 그녀의 영혼.

한 민족의
무너진 울타리 저 너머로
차디 찬 빗줄기와 모진 바람을
온 몸에 칭칭 감은
그녀의 고통의 잔을
나는 꿈 속에서 마셨네.

옥돌 지압봉을 쥐고서
- 임학수 시인을 생각하며

옥돌 지압봉을 쥐고서
나는 월북 시인 임학수를 생각한다.
일제시대가 그래도
숨통은 틔었을 것이라고
청춘시절 낭만적 시심들을 가꾸고
종달새처럼 노래부를 수 있었던
그 시절 젊은 날의 추억들이 좋았을 것이라고.

어쩌다 남따라 따라갔다가
새장에 갇힌 새처럼
공산 독재체제에서 눈치만 늘고
시인의 기개는 무너졌으니
종달새 목소리 잦아들고
아주 사그라들어
애꿎게 번역에만 전념하다
맞이한 말년에 이르기까지
소월보다 쓸쓸했을 것이라고.

한강 이남에 두고 온
두 자녀 눈에 밟혀

남한 문단의 그리운 이들과
아웅다웅 살던 날들이 내심 그리워
밤하늘 헛기침만 싸늘하다가
끝내 조국통일을 보지도 못하고
세상을 떠난 시인 영문학자여.

이데올로기는 가고 시인만 남아라.
"껍데기는 가라."
외칠 수 있다면 이제는 조국을 위해
한민족을 위해, 사해동포애를 위해
하릴없이 옥돌 지압봉을 쥐고서
힘껏 흔들어 본다.
시인이 희생되면
그 세상엔 빛은 없다고
옥돌 속 진실의 자양분도 더는 없다고.

오월의 장미

그대와 만나고
그대와 거리를 쏘다니고
꿈을 이야기 하던 우리의 날들이
사실은 그날이 오월의 장미의
나날이었음을 몰랐어요.

저 멀리 날아오를 듯
꿈을 마시고 마셔도
꿈을 찾아 헤매면서
거리를 누비고 카페에서 노닥이면서
꿈을 꾸던 날들이 가고
이젠 화창한 여름날도 가고
가을이 와도
나는 오월의 장미로 남아있어요

언제까지나 그날의 흔들림으로
그날의 빛깔로
붉게 물들어
나의 꿈들은
그대와 함께 나란히
함께 가는 오월의 장미로 숨쉬렵니다.

꽃자수를 하며

이십 일세기 사이버 시대에
무슨 손자수냐고 말들 하련만
새삼 중학교 가정 시간에 배웠던 실력으로
나는 꽃자수를 놓는다
총천연색 구슬이 과실로 영글고
꽃동산이 만발하면서
어느새 나의 숨결은 고르고
입가엔 미소가 번진다.

아이들의 창의력을 길러주는
초등 교사로 변신한 나날 속에서
그들에게도 나의 기쁨을 나눠주고자
자수 하는 법을 가르쳐 주며
함께 호흡을 맞추다 보면
어느새 아이들은 피터팬이 되어
하늘로 비상하는 듯
나를 눈부시게 한다.

오색 구슬로 벙그는 꽃들과
온갖 총천연색 꿈의 추상화를

땀땀이 엮어가면서
내 마음에도 구슬들이 주렁주렁
빛나는 별나무가 된다
아이들도 덩달아 초롱거리는 눈망울로
별이 되어 가고
그들의 손끝에서는
풀 내음이 풀풀 날린다.

성모는 하늘에서 홀로 수를 놓으시며
지상 천국의 날을 기다리시리라
조선의 어머니들도
갇힌 울타리 속에서도
원앙금침을 수놓고
목단과 봉황을 수놓으며
이상세계를 꿈꾸었기에
저마다의 가슴에는 단아한 한 송이
연꽃이 피어나 한 세상 평온했으리라.

누구나 기다림이란 희망의 등불을 들고
한 세상을 살아간다.

새삼 이국의 못다한 꿈자락을 다독이며
그 고단한 기다림을 위해
나는 성모의 지혜를 빌어
꽃구슬 흐드러지게 자수를 한다.
오색 구슬을 매만지며
손수 자수를 하는 것은
어지러운 혼돈의 세상에
보호막을 쳐서 영혼을 수호하는 일이니라
기다림의 처절한 고통의 시간을
아득히 잊고 오색 무지개 가득한
낙원에 머물기 때문이리라

4부

성냥의 꿈으로

율도국
-격암유록의 마음밭 처럼

맑스 레닌주의는
가장 이상적인 이론일지도 모르지만
결국 탐욕을 먹고 사는
인간 마음 속에
우후죽순 시퍼렇게 돋아나는
이기심이라는 가라지들로 인해
어쩔 수 없이 모든 이상이
그늘 속에 가리워져서
순수한 벼이삭들은
우리들 마음밭에 닿지 못하네.

누구나 고대하리
홍길동의 그 이상의 율도국을,
그러나 가도가도 끝닿을 수 없는
욕망의 활화산을 저마다 숨기고
살아가는 사람들 마음 속에
약육강식의 덫은 자라나고 있나니
아무도 타인의 아픔을
온정의 붕대로 감쌀 수 없으매
아무리 노 저어가도

이상세계 율도국은 보이지 않네.

태고적 창세기의 신의 저주는
대지로부터 억센 갈고리를 들고 올라와
어디에도 이상국이 없는
가시밭 형극의 길
율도국을 찾아가기 위해
사람들은 저마다 마음밭을
부지런히 갈고 닦아야 하네
대지는 거칠고 공장 매음은
깊이 곪아가는데
율도국을 찾아나선
우리 모두는 마음밭을 먼저 갈아
삼신산(三神山)으로 노 저어 가야 한다네.

음양을 위하여

가장 원초적인 법으로
자연으로 돌아가면 알 것을
그대들은 외면을 하는가
농심으로 가면
산으로 떠도는 짐승의 무리와
어울려보면 알 것이다.
초근목피가 있는 산이 그리워
산 속으로 돌아간
사람들에게
물어보면 알 것이다.

햇살 밝은 날이
언제나 다 좋은 것은 아니다.
비가 좋다 해도
비만 오고 있으면
그것도 해가 된다.
불과 물
해와 달
돌고 도는
그 힘의 균형.

농심으로 돌아가
오늘 진종일 비를 기뻐하는 것은
어제의 햇살이 온종일 있었기 때문이다.

비가 내린다, 달이 뜬다는 것은
해가 진종일 비치고 지친
내 마음에 균형을 주는 것이다.
오늘은 저기 풀빛으로
내가 일어나 빛나는 것은
하늘에 해와 달이 있기 때문이다.
하늘로부터
불과 물이
신의 손길 따라
골고루 머리 위에 붓기 때문이다.

봄나들이
- 정에게

시집살이 수년만에 모국 나들이 갑니다.
벙어리 삼 년 귀머거리 삼 년
앞으로도 봉사가 된 듯 얼마나
날개를 접어야 할지 모를 일이지만
그래도 그녀 생애의 최대 보람인
옥동자를 안고 당당하게 나아갑니다
곰삭은 아픔일랑 허허로운 바람에 날리고
앙금도 멍울도 방망이 다듬이질로 부수고
혹시 남은 한 줄기 주름이 있다면
그것마저 무쇠 인두불로 쫙 펴서
가슴에 한 점의 한도 없이
남김없이 훌훌 털어버리고
마음은 색동옷 차려입은 새각시 되어
꽃신도 사뿐히 친정으로 봄나들이 갑니다.

서럽어라 우리 누이
접동 접동 아우래비 접동새 되어
날아온 이국의 나날,
다시 보니 소쩍 소쩍 울어대는
소쩍새의 부산한 마음 달랠 곳 없어

어디 가나 마음 편할 날
허리 펼날 없는
이것이 조선 낭자의 숙명이라면
그 은근과 끈기로
차라리 웅녀의 혼불로 타올라
모국어보다 영어를 유독 갈고 닦아도
질시로 차갑게 닦아세우는 모든 라이벌의
연두빛 눈동자를 살랐습니다.

이젠 거친 손마디에
종아리도 허리도 조선무우처럼
제법 단단하게 굵어져서
넉넉한 조선 아낙의 뚝심을
머나먼 타국에서 키웠으니
덥수룩한 머리 오랫만에 동백기름 바르고
화초장에 깊이 숨겨 둔 꽃다홍치마로 성장하신
외할머니 새색시적 분단장한 그 마음으로
한 동안 쑥스러울 친정 나들이,
매운 타국의 시집살이 그래도 눈물없이
옥동자 낳고 기르며 미소로 자족하며

다민족 새 사람들과 당차게 살았노라고
온실 속 화초 같던 사랑하는 양념딸이
이리 성숙해서 돌아왔노라고
소슬 대문 힘껏 두드리며
어머니 가슴으로 달려갑니다.

성냥의 꿈으로

꿈을 꾸는 자들은 아름답다.
늘 싱그럽다.
그러나 그 꿈에 고착된 너는
바위처럼 단단한 앙금을 지니고 산다.
추억이랄까
아련한 전설이랄까
사람들이 모르는 꿈으로
늘 자신을 활활 불사르고 싶은
활화산을 감추고 사는
너의 가슴은
그러나 바위의 침묵으로
면벽을 하고 있다.

꿈에 젖은 자들은 침묵한다.
날마다 그 꿈으로
온몸을 불사르기 위해
가지 못할 길을 걸으며
늘 자신을 기꺼이 바칠
비장한 각오로
시한폭탄처럼
불타오르고 싶은 혼불 하나
그 용오름을 보고 싶은 것이다.

봄쑥

하늘과 땅을 오간
눈발 헤치고
저 멀리 산골마다
서리서리
네가 다가오는 것은
진정, 네 뜻 아닌
하늘의 뜻이었다네.

춘삼월 대학로
바삐 강의가던 길
신입생을 맞이하는
내 연두빛 설렘을
농대 길가 작은 동산 속
네가 먼저 알고
그리도 뻐꾸기 소리
온갖 산새들 소리 몰고 와
나를 반겨주었네.

어느새 훈풍에 실려온
봄내음 코끝에 물들면

도심이 발동한 청맹과니가 되어
계룡산 자락 얕은 솔밭길을 헤치며
네 싱그럼을 마음껏 탐하던
바람난 나는
진정, 내 뜻 아닌
태모신의 젖가슴을 갈구하는
모든 아장거리는 아기들의
순수 배냇짓,
그 투명한 웃음 때문이었다네.

푸른 나비

토론토를 중심으로 하여
산이 보이지 않는 대 평원으로부터
나를 이끌어 온 이 작은 둔덕,
그러나 8월의 블루 마운틴은
북미의 에베레스트이다
산을 갈망하는
내 마음의 에베레스트이다.

온통 하늘과 대지가
저 화사한 신의 푸른 옷자락으로
길게 드리워져
저 바다만 같은 호수의 출렁임이
하늘과 녹음과 함께 어우러져서
땅과 하늘이 온통
푸른 빛으로 짙게 물들어 간다.

아하, 블루 마운틴이란
이름만큼 적당한 이름이 어디에 있으랴
아시아의 작은 아침의 나라에서
이 땅으로 나를 이끌어오신

보이지 않는 그 분의 따스한 손길이
그 고요한 숨결이
보일 듯 말 듯
애타는 목마름으로
눈부신 미소로 내게로 온다.

산 정상에 오르니
푸른 빛이 뚝뚝
온 대지를 덮은 명경대
님의 푸른 옷자락 스치는
소리에 나도 손 내밀어
어느새 님의 소매 한 자락을 부여잡고
푸른 빛 날개를 달고 비상하는
한 마리의 나비가 된다.

봄바람

나 아직 이렇게 그곳을
깨금발로 넘겨다 보며
아직 내 이름 석자
빛을 발하고 있음에
기꺼워하고
백발의 어머니와
노구의 스승님 거기 따스하게
아직 둥지를 틀고 고대하며
나를 응원하고 계심에
눈물겹고.

아직 그곳에
나를 아는 현자들이
삼삼오오 둘러앉아 내가 부르던
그 추억의 노래를 부르고
친구들과 친지들이
때로는 고개 길게 내밀어
대양 저 멀리에 주저앉은
내 안부를 서로 물으니,
내 마음 한구석 훈훈하여

쓸쓸한 마음이 머무는 곳
그 어디엔들
훈풍이 불어오지 않으랴.

이국 멀리
눈발 날릴 때에나
찬비가 내릴 때에나
마음 깊이 새겨진 그리운 혼불들
서로 보이지 않는 숨결 타고 달려와
살아가는 온기 얻으니,
뻥뚫린 내 산란한 마음마다
봄바람은 불어와
꽃피는 미래를 언약하면서
결실의 그 날은 온다고
그렇게 밀어를 속삭여주네.

이 문명이 나를 버린다면

문명이 나를 버린다면
나는 고뇌하는 예수를 따라가보리라
모든 천상의 가락과 말씀의 빛과 바람을 향해
한 사십일 광야를 헤매이리라.

도덕이 나를 버린다면
나는 갈망하는 로빈슨 크루소가 되보리라
모든 식량을 싸들고 짐을 들고 내 순수한 사람
프라이데이를 찾아서
한 사십일 먼 허공을 우러러 별을 볼 수 있는
외딴 섬으로 잠적하리라.

정의도 나를 버린다면
꿈으로 오는 한 사람 불러 꿈꾸는 자가 되어
노아를 따라 방주를 짓고 한 사십일
온갖 자연의 섭리를 명상하며
짐승들과 더불어 나를 돌아보는
그 꿈 속으로 들어가보리라.

그러나 이 세대가 나를 저버리고
어느 곳에도 내 노고에 대한
댓가와 안락의 화환이 주어지지 못한다해도
나는 실망하지 않으리라
천상의 다이어먼드의 성에서
나의 보상이 큰 보좌에 있으려니
나를 높이시어 더욱 빛나게 해주시려니
절망의 소금물에 절인 내 영혼이
오히려 승리의 월계수 잎새 달리라.

분류

골치거리가 된 새치머리,
그 흑과 백의 전쟁,
너를 뽑고 또 뽑아버려도
네 자리는 둥지를 틀고
그림자처럼 숨어서
서서히 다시 되돌아온다.
내 몸에서부터 세상사에 이르기 까지
두루 분류는 이뤄진다.
남녀의 벽,
세대간의 벽,
부자와 빈자의 벽,
식자와 우자의 벽,
모든 것에서 분류의 벽을 쌓는다.
나의 평화로운 정원에서도
화초는 선택이 되고 잡초는 뽑힌다.
그 분류는 마음 속 깊이 도사리고 있다.
이 시대가 다 가기 전까지는
분류의 전쟁의 역사는 끝날 줄을 모른다.

그러나 사람만은 아니다.
분류가 역사를 이끌어 온
쳇바퀴일지라도 사람만은 아니다.
다민족의 복합문화를 꿈꾸는 나라
광역 토론토에서는 더더욱
인종간의 민족간의 분류가 이뤄질 수 없고
이뤄져서는 안된다.
사해동포주의로 일어서야 할 바람이여,
투명하게 빛나는 내 이성의 외침이
공허한 메아리가 되지 않도록
나를 불타오르게 하라.
박애의 두터운 모포로 감싼 채
모두 한데 어울려
함께 잎 피우고 꽃 피우는
화초와 같이 뿌리도 가지도 잎새도
모두 하나가 되어 이탈이 없는
분류없는 하나가 되어야 한다.

뉴에이지 I

뉴에지지의 꿈은 젊은이들만의
꿈이 아니다
나이가 들어갈수록
잦아들 줄 모르는 새시대의 영감은
더욱 짙은 빛깔로 다가와
내 가슴을 알 수 없는 설렘으로 물들이고 있다

뉴에이지의 물결에 영혼을 맡기는 것은
꿈동산에서 바람 가르는 청룡열차나
여러가지 놀이기구에 몸과 평온을 맡기고
즐거운 비명을 지르며 설레던 청년시절의
그 오색 빛깔 마음과 같은 것이리라.

신의 손길로 엮은 보호대가
놀이기구와 나의 영혼을
하나가 되어 결속했다는 강한 믿음 하나로
우리는 초고속으로
튕겨오르거나 하강하는 격동에 몸을 맡기고
두려움을 모른 채 순간적인 비명을 지르며
놀이의 끝을 아쉬워하리라.
다가오는 미지의 뉴에이지의 시작의 문턱에서

나는 다가오는 격동기의 조짐을
한몸 가득 담고
정적의 문턱에 서서
급하강을 연출할 천둥번개차를 기다린다
비명도 즐거움으로 맞이할 나의 꿈은
신의 사랑의 벨트로 안전기구에 대한
믿음으로 하나가 된 영혼의 빛물결이
나를 온통 감싸고 있기 때문이다.

청룡열차를 타면 드높이 날아오르다 추락하는
격동의 순간처럼
뉴에이지는 그렇게 오리라
신에 대한 두터운 믿음으로 그 시대 물결에
나는 몸을 맡기리라
두려움도 공포도 모두 신의 손길이라는
단단한 보호대와 의자 벨트에 의존하고
나는 뜻깊은 동료들과
기대고 몸을 맡기리라.

뉴에이지 II

확연히 뉴에이지의 영감이 떠오르는 때는
급물살이 파도를 가르듯이
청천벽력같은 일들이 일어나겠지요
즈나미처럼 밀려드는 그 기운을
소리없이 응시하는 제삼의 눈길로
그대는 온통 헐떡이며 헤매이고 있나요

그러나 아주 고요한 그 기운을
당신의 숨결로 받아들이는
그 중년의 눈빛은
차라리 청년의 뜨거운 열정 보다 강렬한가요
놀이 공원에서는
어린이나 노인들의 평화로운 놀이기구보다는
천둥소리 울리는 벼락같은 청년들의 놀이가
단연 인기있고 중심에 있지요
그 속도감과 우렁찬 소리에
허공을 가르는 찰라의 광란에
몸을 맡기듯
우리는 신에게 영혼을 맡기고
휘돌아가는 수밖엔 없겠지요

평화로워라
어떤 대재앙이나 엄청난 기적에도
그냥 믿고 따르라는 대천사장의 계시인양
놀라운 경이를 천둥소리 요란한
청룡열차를 타고 달리듯이
그렇게 놀이 떠난 청년의 신기로움으로
우리는 새 시대를 맞이할 수는 없을까요?

침묵

- 나이아가라 폭포 옆에서

침묵의 응시는 소리 빠진 아우성이다
오대양의 굉음보다 더 우렁차게
우주로 전선줄을 낸
빛보다 빠른 대화의 장이다
침묵으로 하는 소리는
인간의 세계를 넘어
님에게로 가는 직통전화이다.

침묵하려고 해도
나는 자주 사람들과의 대화를 원한다
침묵은 고자질이다
침묵의 묵상은 심판자의
엄숙한 판결을 만든다.

그러나 이제 우리는 침묵할 때이다.
어지러운 세상
징벌의 환란의 때를 맞이하여
위로의 말을
내 님에게서

피난의 장을 듣기 위하여
늘 고대하던 찬란한 기쁨의 탄주를 듣기 위하여
침묵으로 침잠해야 할 때이다.

2006년의 해바라기

사람들은
그녀를 수다쟁이라고 말한다.
그러나 사람들은
그녀가 마구 떠드는 것은
그녀의 가슴 한 켠 어딘가 무너지는
아픔의 몸짓임을 모른다.
부서지는 큰 바다의 외침
붕괴되는 거대한 히말라야가
그녀 가슴 한 켠에 남몰래
숨어 사는 것을 모른다.

요란하게 불안감을 감추고
가슴 가득한 열병을 모르는 체
냉정하기 위해
침착하기 위해
그녀는 자꾸 누군가를 불러
말을 걸고 스치는
바람에도 깔깔댄다.

온몸에 신열이 올라

무엇으로도 차분할 수 없는
가슴앓이가 깊어져서
고독이 큰 키로 자라난
그녀는 떠들어대고
때론 웃거나 울곤 한다.
온종일 쉬지 않고
해를 향해 떠드는 그녀는
홀로 수다쟁이가 되어 간다.

한침을 그렇게 아프다가
흔들리다가
무너지다가
마침내 그녀는 알찬 믿음으로
구도의 두 손을 모은다.
가득 찬 지혜의 빛으로
가을이 다 가도록
잊혀진 침묵의 여신의 석상이 되어간다.
그녀의 아픔과 함께
나의 믿음도 익어간다.

깻잎장 일기

토론토의 삶이란
변함없이 푸른 얼을 간직하려고
날개마다 켜켜이
아린 양념장으로 채우고
낮게 엎드린 깻잎장 항아리의
밀어의 나날들이다.

멋모르고 지나간 푸른 꿈들이
어느 날 문득 만난 심리학자
미스터 한스버그 교장의 알싸한
장맛으로 신선한 충격을 받았다.
그를 처음 본 날은 교장이라기보다
중년의 자원봉사자처럼 보였고,
하교길의 아이들을 몸소 돌보고 있었다.
다친 아이, 말썽꾼도 도맡아서 보살폈고
교장이라기 보다
때론 친구처럼 때론 학교 청소부처럼
그의 하루는 절여진 장아찌처럼
늘 변함없이 신선하고 부산하였다.

어쩌다 내가 한 아이의 도시락 뚜껑을
못내 열지 못한 날
아이들은 저마다 교내의 해결사인
미스터 한스버그 교장선생님께
가야 한다고 아우성이었다.
초등학교 발렌티어 역을
새로이 맡은 이방인인 나를
말없이 인도한 것도
아이들 옷매무시를 고쳐주고
낫게 앉아서 아이들 신발 끈을 매어주던
미스터 한스버그의 솔선수범이었다.

그의 꾸밈없는 미소와
산 교육의 얼이 내 추억에 남아
나의 일상의 푸른 꿈의 날개 깃털들이
날마다 절여지는 깻잎장이 되게 한다.
시공을 초월한 푸른 꿈들로
가득 찬 독특한 맛의
깻잎장 항아리로 일으켜 세운다.

2010년 토론토의 봄날은

토론토의 봄을 맞은 지 칠 년째,
토론토에서 기록된 삼월 중
처음으로 눈없는 삼월을 보냈으니
드디어 해낸 것이지.
엘니뇨 현상이니 뭐니 해도
그런 것은 몰라도 되는 것이지.
내 마음 속 깊이 새겨둔
소망이 이뤄지는 듯
2010년 토론토의 봄날은
나의 새봄으로 다가서고 있었으니까.

이름 모를 새소리를 타고
하늘 가득
봄날은 온통 몰려오고 있었어.
새들이 숨은 나무가지 사이로
청명한 햇살과 더불어
아이들과 웃고 있는 내 얼굴로
아이들의 천진한 얼굴로
아이들이 쌓는 모래성 사이로
가만히 어루만지는 손길로 내려오고 있었어.

한낮의 햇살이 좋아서
학교 놀이 공원을 뛰놀면서
점심 식사도 잊어버린
철부지 아이들의 가슴으로
내 가슴으로
소망한 봄의 융단은 그렇게
알 수 없는 몸짓으로
서서히 물결치며 깔리고 있었어.

이름 몰라도
뜻을 몰라도 좋을 그 새소리는
온갖 살아 숨쉬는 것들의
심금을 적시고
닫힌 학교문의 인터폰도 화들짝 놀라
새소리에 취해 있었어.
그렇게 새소리는 봄의 미소로 번져오고
나는 두둥실 봄날의 꽃가마를 타고 있었어.

어느새 이름모를 새를 따라
모두가 새가 되어 지저귀면서

우리는 듣는 이 하나 없어도 좋을
문득 지나던 발걸음을 멈추고
귀 기울이는 이 하나 없어도 좋을
막무가내로 새봄이 온 것을 알았어.
새소리의 새소식으로
봄날은 그렇게 알 수 없는 소리로
알 수 없는 이름으로 시나브로 만상을 휘감고
새세상의 새물결로 다가오고 있었어.

겨울나무의 꿈

눈부시게 나부끼는 잎새들을 달고
순풍의 돛단배가 되어
풍어가를 부르던 지난 여름날의
충만하던 빛은 총총히 떠나버렸다네.
어느덧 찬바람의 채찍질이 매서운
고난의 때를 맞이하여도
그대는 변함없이 그 자리를 지키며
싸늘한 겨울과도 손 맞잡고
살얼음 춤을 춘다네.

모든 그대의 꿈을 안으로 거두고
긴 장막의 커튼을 두르고
적의 진지에서 침묵을 연습하는
숨은 지혜자여,
거부도 분노도 아닌
순명의 미소로 화답하네.

그 눈보라 속 그대를
헐벗었다고 말하는 사람들은
그대 안의 충만을 모른다네.

그대의 긴 침묵 속에서
그 시간의 굴레 속에서
세상 저 멀리 불멸의 세계로
다가가고 있음을 모른다네.

골고다 언덕의 수난의 날은
길고도 짧은 것,
어둠과 살얼음 추위가 있기에
그대는 꿈의 화톳불에
희망의 뚝배기를 끓이고
눈송이로 솜이불을 삼고 긴 꿈에 젖거나
두 눈 부릅뜨고 살기 어린 세상을
굽어보며 산중인으로 우뚝 선다네.
저 거친 바람의 리듬을 타고
청명한 하늘로 춤추며 오르거나
홀로 찬미가를 부른다네.

만물은 그렇게
신의 손끝에서 휘돌아가는
시간의 바람개비.

그 원형의 소용돌이 속에서
탈출하는 날
마침내 마주하는 신의 하얀 미소.
그대는 불멸을 싹틔우는
신의 언약의 느낌표
새 봄의 빛을 몰고오는 전령이라네.

설야雪夜에 I

내 그리운 사람아
하늘에서 달빛 타고 내려오는
그대를 따라가면
나 하늘에 오르랴
꿈결처럼 실크 살결에
차가운 눈빛이나
사슴의 고은 눈매처럼 황홀한
이 한밤에
나 그대를 무작정 따라나서
그대와 함께 거리를 헤매다가
그대를 따라 잠들다가
그대와 더불어 물이 되어 흘러가면
나 예언처럼 저 먼 대양을 건너
드높은 하늘에 닿아
또 다른 별과 만나랴

꿈이면서 꿈이 아닌
천사의 날개 깃털인 양
내게로 오라
뜻모를 신탁인 양

태고적 전설인 양
그렇게 내게로 오라
끝모를 어둠의 터널을 타고
하늘에서 내려와
천상의 기쁨일랑 그만두고
하많은 세상의
모든 슬픔을 위하여
진정코 오늘은
아무런 거짓없이
투명한 진실만을 진해다오
내 하얗게 눈부신 사람아.

설야雪夜에 II

그 누구의 자화상일까
저 포근함을 몰고 오는
억대 선조들의
수호의 손길만 같은 이여,
북풍의 냉기가 엄습해오는
곤고한 날이면
반드시 함께 동반하여
온통 세상을 감싸주는
솜이불 같은 그대의 손길이 있기에
그 다이어몬드 빛 침묵의 합창소리가
온 누리에 울려 퍼지기에
어느새 가난한 가슴들의
얼어붙은 냉기가 녹아 들고
그들의 젖은 눈시울엔 영롱한 빛이 맺힌다.

지나온 사연들은
저마다 달라도
희생과 사랑의 빛은
저리도 눈부신 한 빛이런가
차디찬 칼 바람에

가슴 저미는 쓰라림에
주눅이 들어버린 오그라든 날이면
천사의 깃털들은
가만한 손짓으로 내려와
힘든 세상을 다독여준다.

때절은 사람들의 발자취마다
순결한 그들의 빛은 침범 당하고
엄습해오는 제설차의 위협에
어느새 흰빛이
흙더미 얼룩으로 번져도
어린 양의 눈부신 하얀 침묵을
놓지 않는 희생의 넋들이여,
잔혹하고 무모한 자들에게
굳이 변명할 필요도 없음이려니
골고다의 희생제를 재연하는
그들의 춤은
저리도 눈부시기만 하다.

매서운 북풍과 함께

세상은 늘 그대의 손길을 예감한다.
그대를 따라 올라간
저 여리디 여린 순결한 넋들이
항시 요동치는 세상의 추를
단단히 부여잡고 냉기에 떠는
헐벗은 영혼들을 감싸주기에,
눈 오는 밤이면 나는 어느새
귀 열고 가슴 열어 두고
승화하는 이름 모를 넋들의
소리 없는 방문과 속삭임을 고대한다
투명한 혼불의 순환 속에서
언제나 가만가만 등불 들고
어둠의 커튼을 밀고 오는
신의 무지개 빛 언약을 들을 줄 아는
이름 모를 가난한 벗들과
한 빛으로 물들어 간다.

사해동포애, 그 체험적 불길의 의지

김용재
시인 · UPLI한국회장

조미나 시인은 서울에서 출생하여, 홍익대 영어영문학과를 졸업하고 20대 중반인 1985년에 월간《시문학》을 통해서 문단에 등단했다. 일찌부터 시적 재능을 크게 인정받은 것이며, 그리고는 시에 대한 믿음과 갈망을 작품으로 생산해내는 일에 열의를 바쳤다.

《문예한국》(1998.가을호)에「시 정서와 삶의 깊이, 그 성찰의 빛깔」이라고 하여 그가 나의 시세계를 조명한 일이 있는데 그 글에서 보면 나와의 인연 및 나의 작품에 대해 말했지만, 그는 1987년부터 대전에 내려와 대전문협에서도 열심히 활동한 사실을 알 수 있다.

대전을 무대로 한 문단활동의 결실로서 그는 1988년에 첫 시집『바람제(祭)』를 내놓았고 1995년에 두 번째 시집『생명나무를 찾아서』를 내놓았다. 두 번째 시집을 내놓은 간격이 7년이나 되는데 그 사이 조미나 시인은 충남대학교 대학원 영어영문학과에서 학위과정을 이수하고 1995년 2월에 박사학위를 받은 것이다. 영어로 시를 쓴 20세기 가장 위대한 시인(the greatest 20th-century poet of the English language)으로 평가받고 있는 예이츠의 여성신의 이미저리를 중심으로 한 「W. B. Yeats의 시에 나타난 Christian Gnosticism 연구」라는 논문이 곧 박사학위 주 논문이었다.

학문적 업적과 능력을 인정받아 마침내 그는 충남대, 대전대, 배재대 등에서 강의를 맡게 되었고 2001년에는 다시 세 번째 시집 『사랑의 침묵』을 내놓았다. 그 뒤 그는 대덕연구단지에서 근무하던 남편을 따라 한 가족 모두가 캐나다 토론토로 이민길에 올랐다. 《호서문학》 《문학시대》 등, 통신수단의 발달로 인한 외롭지 않을 만큼의 작품교류는 있었다고 하지만 그것이 어디 같은 생활권에 있을 때와 비교할 수 있는 것은 아니었다.

그런데 그는 작년에 일시 귀국하여 큰 일을 저질러놓고 갔다. 예이츠 시해설서인 영문판 『The Explanation of W. B. Yeats's Poetry』(2009.4)와 번역서로서 『예이츠 희곡선집』을 발간한 것이다. 시의 힘에 있어서나 다양성에 있어서나 세계적인 명성과 더불어 현대시의 아버지라고 추앙받는 예이츠 연구에 큰 영향력을 미치게 한 것이다. 조미나 시인의 주요한 업적으로 평가해도 좋을 것이다.

캐나다 토론토로 돌아가서는 또 독일의 신비주의 철학자 『야코프 뵈메의 고백』 이란 번역서를 절찬리에 발행했다. 이렇게 창작과 연구에 열중한 그가 이번에 새 시집을 발행하겠다고 원고를 보내왔다. 시집발행으로는 9년만의 일이다. 오래 되었지만 쓰는 일에 게을리 한 것은 결코 아니었다. 보내온 원고가 120편 정도인데 대부분 발표된 작품이다. 그런데 예이츠 연구의 공로시인으로서 예이츠 또는 예이츠 작품과 연관해서 쓴 시편들은 별도의 시집으로 발행키로 하고 이번 시집은 이민생활에 따른 서정적인 것과 시인의 사상이 담긴 시 등 70여편을 수록하는 것이 좋겠다는 의견이었다. 시인의 의견에 적극 찬성을 했고, 오히려 권고하고 싶은 일이었다.

이민생활을 하면서 조미나 시인은 보통 사람들이 겪는 감정의 굴레를 벗어날 순 없었다. 그 감정의 굴레를 벗어나려고 별다른 노력을 했다거나 별다른 처방을 하지도 않았다. 그러나 시심을 다스리며 스스로 할 일을 하고 자연에 순응하는 삶의 질서를 익혔다. 대전이나 서울에서 만났던 문인들과의 추억이나 학문에 정진했던 시절을 행복으로 회상하며 이국의 자연

정취와 전원주택에서의 새로운 삶을 사랑으로 감싸안은 것이다. 텃밭에 참깨, 체리토마토 등 채소를 심고 장미와 해바라기 등 꽃들과 눈맞춤하며, 특히 직접 심었다고 하는 아기사과나무와의 인연은 시심을 키우기에 으뜸이었다.

사랑은 연합이다
그대 가는 길 나도 가고
내 가는 길
그대 함께 가는 것이다
오랜 열정으로 가도가도 지치지 않는
사랑은 오색 무지개빛
그러나 한 빛이다.

-〈사과나무에게 · I〉전문

시인이 사과나무에게서 차지하는 제1원리는 사랑의 깨달음이다. 그 사랑은 아가페적인 것으로 증명된다. 시에 나타나는 연합, 함께 가는 것, 오랜 열정과 지치지 않는 영원성, 분산-흡수의 스펙트럼식 조합 등이 그 증거자료가 될 것이다. 그렇다면 무럭무럭 자라나는 나무와 함께, 그 나무에는 사과보다 더 크고 달콤한 사랑의 열매가 매달릴 것이다.

하나이면서 하나가 아니다
둘이면서 둘이 아니다

물과 태양과 대지와 바람
네 요소가 그 안에 있다
우주가 모두 그 안에 있다
모두 다 말할 수 없는 것들이
서로가 떨어질 수 없는 것들이
그 안에 있다
그러나 사과나무는 사과나무다
어린아이의 눈으로 단순하게 보면
모든 것이 하나의 사과나무,
어린아이의 눈을 통해서만이
사과나무는 사과나무가 된다.
어린아이의 눈 속에서는
하나는 열이 되고 열은 백이 되는
그 경이 속에서
심안으로 또 보면
모두 하나가 된다.
하나이면서 하나가 아니다.

-〈사과나무에게 · II〉 전문

하나이면서 하나가 아니고 둘이면서 둘이 아닌 사과나무는 합일체의 우주다. 물과 태양과 대지와 바람으로 대변되는 네 요소, 즉 만물의 삶을 가능케 하는 근원적 요소가 그 안에 존재하고 있는 것이다. 아울러 정의할 수 없는 초월의 세계가 있고 분리할 수 없는 끈끈한 사랑의 원형질이 또한 존재하고 있는 것이다. 그러나 사과나무는 그대로 사과나무다. 어린이의 눈,

그 순수의 눈으로 보면 아름다운 그 존재개념이 경이의 세계로 전이되지만 그 경이 속에는 마음의 눈이 있고 마음의 눈으로 보면 모두 하나가 되고 하나이면서 하나가 아닌 세계로 발전한다. 자연의 정서와 그 정서의 풍부함속에서 얻는 조물주의 사랑을 사과나무에게서 얻고 있다 할 것이다.

나는 안다
이 사과가 있기 위해서
하늘과 땅과 인간의 숨은 수고가 있고
그래서 단물 가득 담겨있다는 것을 안다
작은 손 가득히 사과가 들어가기까지
그것이 아이의 눈부신 보석이 되기까지
가없는 사랑이
향기 가득 넘치고 있다는 것을 안다
지구는 사과의 바다
향기의 바다.

-〈사과나무에게 · III〉 일부

사과나무를 심고 그 나무가 잘 자라나 결실의 열매를 보게 될 때 그 열매의 정체성이 곧 사과이다. 그러나 이 사과는 당연히 단순한 열매로서의 결정체 그 이상의 의미를 담게 된다. 즉 그 사과는 하늘과 땅과 인간의 합작품으로, 숨은 수고와 가없는 사랑이 바탕이 된 것이다. 이때 사과는 단물이 가득 담기고 향기 가득 넘치고 아이들의 눈부신 보석이 된다. 그래서 지구는 사과의 바다가 되고 향기의 바다가 된다. 애써 길러 딴 사과의 맛과 향기가 사해동포주의 또는 박애주의의 시심으로 널리 울려퍼지는 소리를 들을 수 있을 것이다. 「"내일 지구의 종말이 온다 해도 / 한그루 사과나무를 심겠다"는 / 저 스피노자의 꿈이 하늘에 / 희망의 깃발로 펄럭이는 것을 우러른다.」는 마지막 시구가 독자의 가슴에 띄우는 메시지처럼 나부끼는 것도 감지할 수 있을 것이다.

길다면 긴 한세상
허망하여 가슴 무너지는 날들을
서로 두 어깨 비껴 세워가면서
우리는 그리도 시로 의지하며
한 오년을 살았노라.
악은 온누리 휘날리며 드세고
선은 어둠속으로 뒷걸음질쳐 달아날 때
가슴 쓰라린 울렁임으로 내 홀로 들썩일 때
뜰 앞의 사과나무여,
너는 나를 불러 그럼에도 늘 당당하라고
고운 하늘 말씀 전해주는 전령사 되어
축 처진 내 어깨를 다독여 주었노라.
-〈사과나무에게 · IV〉 일부

이별은 우수를 불러오고 고민을 가져온다. 이별은 슬픔을 예언하고 눈물을 솟게 한다. 그러나 감정을 관리하는 능력에 따라 이별은 그리움도 사랑도 더 짙게 한다. 시인과 사과나무와의 이별은 사과나무에게서 배운 사랑의 감정을 시인에게 더 강화시켜준다. 시인이 인식하는 주변 환경이나 인간의 모듬살이에는 악의 깃발이 더 휘날리고, 선은 어둠속으로 달아난다. 그래서 가슴 쓰라린 울렁임이 팽배한데, 그럴 때 더욱 힘을 준 것이 사과나무였던 것이다. 사과나무의 의인화와 신격화의 발전적 시심속에서 찾는 자아의 정체성이 곧 시인이 획득한 성과일 것이다. 그래서 시인은 연인과 같은 사과나무를 두고 멀리 떠나도 사과나무, 그 모두를 가슴에 품고, 자연이나 우주의 혼불을 사르며 먼 여정에서도 춤을 출수 있을 것이다.

다음 〈나비〉를 보자.

> 넉넉한 세월에 떠받치어
> 길고 어둔 터널을 건너던
> 고치의 나날이 있었기에
> 밝은 빛을 향한 그 갇힘의
> 몸부림이 있었기에
> 오늘 이토록 넉넉해진 우리 사랑
> 어느새 양 날개로 자라나
> 한 마리 비상하는 나비 되었네.

비단 천 고운 날개에는
서로 같은 색
같은 무늬가 물들여진
우리는 닮은 꼴 데칼코마니.

왼편은 나의 혼불로
오른편은 그대의 혼불로
엮어진 두 날개가
파란 창공으로 날아오르면
우리는
한 마리의 나비
온갖 꽃들의 꿀물을 찾아다니는
사랑의 연금술사.

길고 긴 세월이 가도
우리의 양 날개는
하나의 몸짓으로 우러러
천국의 문을 향해 비상하는
꿈 많은 나그네.

-〈나비〉 전문

나비는 보통 예쁜 것, 향기로운 것을 대표한다. 꽃방에서 쉬고 자는 요정의 옷깃이 되었다가 고깔 쓴 무녀의 의상이 되기도 한다. 나비는 또한 조국의 사뿐한 언어일수도 있고 이국의 애매한 낱말일수도 있다. 그러나 조미나 시인의 나비는 탄생의 근원부터 그려진다. 길고 어둔 터널을 건너던 고치의 나날부터 넉넉해진 우리사랑, 한 마리 비상하는 나비가 되기까지, 밝은 빛을 향한 갇힘의 몸부림을 먼저 부각시킨다. 그리고는 비단 천 고운 날개의 데칼코마니(decalcomanie), 즉 전사(轉寫)의 주체로 나타난다.

다음 연에서는 혼불이 되고 꿀물을 찾는 사랑의 연금술사가 되고, 마지막 연에서는 천국의 문을 향해 비상하는 꿈 많은 나그네가 된다. 그런데 나비는 시인과 동일시되고 시인과 한 몸이 된다. 길고 어둔 터널의 몸부림을 통해 비상의 꿈을 실현하고 사랑의 연금술사가 된 나비는 저 영원을 풍미하는 천국의 명패를 찾고 있는 것일까? 그 진실의 의미를 시인은 알고 있을 것이다.

이제, 영국 낭만주의 대표적 시인 셸리(Percy Bysshe Shelley : 1792-1822)의 시구 '별을 그리는 나비의 염원(The desire of the moth for the star)'을 연상케하는 다음의 시 〈별〉을 또 살펴보자.

하늘 저 멀리 붙박이 되어
한 번도 흔들리거나 떠나지 않는
올곧은 성정과 빛나는 눈동자
언제나 흐트러짐 없는
별이나 되었으면 좋겠네

이 땅 가난한 영혼들의
희망이 되고 등대가 되어
헤매는 나그네의 가는 길마다
빛이 되고 나침반이 되어주는
별이나 되었으면 좋겠네

깊어가는 겨울밤을 기려
더욱 총총히 빛나는
이름이야 무엇이든 부도 명예도 모르고
꺼지지 않을 대천사의 화톳불
별이나 되었으면 좋겠네
-〈별〉 전문

시인이 파악한 별은 제1연에서 '올곧은 성정과 빛나는 눈동자'로 나타난다. 제2연에서는 가난한 영혼들의 희망이며 등대이고 나그네의 길에서 빛이 되고 나침반이 된다.

마지막 3연에서는 이름도 부도 명예도 관계없는 대천사의 화톳불이 된다. 대천사는 신과 인간과의 중간 사자로서 신의 뜻을 인간에게 전하고 인간의 소망을 신에게 전하는 일을 관장한다. 화톳불(bonfire)은 영어에서 근원을 찾는다면 경축, 신호의 불이며 불어에서 온 bon은 영어의 good에 해당된다. 경축은 좋은 일, 기쁜 일, 치하할 일 등을 축하하는 것이고 신호는 사이나 간격을 이어주는 의사소통방법이며 그 부호이다.

그 부호는 색채, 음향, 형상, 광휘(光輝)등이 쓰인다. 이러한 별의 이미지는 곧 시인이 원하는 대상이다.

「푸른 나무 푸른 사랑」이란 제목을 붙여 쓴 시인 자신의 말과 연관해보면 시인은 고국을 떠나 다민족이 모여 사는 국제도시 토론토에서 언어도 풍습도 다른 인종들과의 어우러짐을 통해 사해동포애를 스스로 체험했고, 이를 널리 펼치려 노력을 했다. 사해동포애를 실현하는 과정에서의 〈별〉의 의미는 매우 값진 것으로 치부할 수 있을 것이다.

마지막으로 시집의 표제로 뽑은「강물로 흐르는 사랑」전문을 밝힌다.

그대 사랑은 강물로 흐르고
내 사랑 또한 강물이 되어
서로 가야할 곳을 안다.
가지 못할 곳을 향해 가는 강물은
그렇지, 뇌출혈이다 절망이다.
갈 곳을 가지 못하는 강물은
그렇지, 지옥이다 마비이다
고혈압으로 질식한 시커먼 죽음이다.

오늘도 그대는 작은 미소를 건네고
나는 갓 짜낸 그레이프 후르츠 쥬스로
그대의 아침을 건넨다.
그대와 나는 작은 우주

막히지 말아야 할 곳이 막히고
흘러야 할 강물이 흐르지 않으면
어디인들 썩지 않을 곳이 있으랴.

그대의 강물,
실핏줄 하나하나에 얽힌
저마다의 길마다 순순히 흐르도록
우리 사이에 양보와 이해의 골을 터놓고
나는 그대를 살피고
그대는 나를 염려하고
그렇게 말없이
우리는 두 물줄기 되어
나란히 순명을 좇고 있다.

날마다 진한 정으로 달인
차를 마시며
우리의 잔잔한 대화는
날로 깊어가는 강물,
도도히 흐르는 강줄기로
우리는 그렇게 후회 없이
바다의 금빛 물결에 닿기까지
나란히 먼 길을 가고 있다.

-〈강물로 흐르는 사랑〉 전문

〈끝없는 사랑〉〈다시 사랑을 위하여〉〈사랑하는 사람들은〉〈내 사랑은 캥거루처럼〉〈사랑의 연금술사에게〉 등의 시편들과 더불어 조미나 시인의 사랑노래는

줄기차다 할 만큼 연속된다. 특히 〈강물로 흐르는 사랑〉은 사랑의 불길이며 사랑의 풍성함이며 사랑의 진품명품에 해당한다. 시인은 이 시에서 사랑의 뇌출혈이나 절망, 지옥이나 마비, 고혈압이나 시커먼 죽음 등 부정적 요소를 멀리 배격하며 막히는 곳이 없고 흐름을 방해받는 일이 없는, 그래서 가야할 곳을 바르게 아는 사랑의 길을 구가하고 있다. 마침내 시인의 사랑은, 살피고 염려하는 순명, 잔잔한 대화의 슬기를 앞세워 바다의 금빛 물결에 닿기까지 도도히 흐르는 강물줄기를 이룰 것이다. 시인의 실생활인듯 하여 따뜻함을 더해준다.

이상 조미나 시인의 시세계를 일별해 보았다.

전원주택에서의 새로운 삶을 시작한 이국의 자연정취 속에서 땅의 정직함과 농심의 풍성함을 익히고, 그런 속에서 시인은 자아의 정체성을 확인하며 시심을 키웠다. 그 시심에는 신의 사랑이 깃들고 사랑은 다시 사해동포애로 발전해 갔고 시인은 다시 체험적 불길의 의지를 모두었다.

강물로 흐르는 그 사랑의 가슴에는 여성신 소피아(Sophia)가 있고 휴머니즘에 바탕한 인간심리가 있고 다문화권의 영혼들이 있었다. 시인은 이들과 대화하고 미소를 날리며 시를 쓴 것이라고, 생각을 정리해 본다.